小学六年一定要陪孩子做的 45 件事

明鲁镇 著

南海出版公司
2014·海口

图书在版编目(CIP)数据

小学六年一定要陪孩子做的45件事/(韩)明鲁镇著；千太阳译—海口：南海出版公司，2014.7
ISBN 978-7-5442-5868-5

Ⅰ.①小⋯　Ⅱ.①明⋯　②千⋯　Ⅲ.①家庭教育　Ⅳ.①G78

中国版本图书馆CIP数据核字(2014)第000810号

著作权合同登记号　图字：30-2014-041
아이와 꼭 함께하고 싶은 45가지
Copyright © 2011, Myung Rojin　(明鲁镇)
Simplified Chinese translation edition © 2014, Beijing Xingshengle Book Distribution Co,.Ltd.
All rights reserved.
Simplified Chinese edition published by arrangement with Bookstory through Imprima Korea Agency and Qiantaiyang Cultural Development (Beijing) Co,.Ltd.

XIAOXUE LIUNIAN YIDING YAO PEI HAIZI ZUO DE 45 JIAN SHI
小学六年一定要陪孩子做的45件事

作　　者：	[韩] 明鲁镇
译　　者：	千太阳
责任编辑：	张　媛　王雅竹
排版设计：	书舟设计
出版发行：	南海出版公司　电话：(0898)66568511(出版)　65350227(发行)
社　　址：	海南省海口市海秀中路51号星华大厦五楼　邮编：570206
电子信箱：	nhpublishing@163.com
经　　销：	新华书店
印　　刷：	北京彩虹伟业印刷有限公司
开　　本：	880毫米×1280毫米　1/32
印　　张：	7
字　　数：	133千
版　　次：	2014年7月第1版　2014年7月第1次印刷
书　　号：	ISBN 978-7-5442-5868-5
定　　价：	29.80元

南海版图书　　版权所有　　盗版必究

想跟孩子一起做的45件事情

"在塞伦盖蒂大草原上打一次猎,玩一次汽车拉力赛,玩一次跳伞,与最漂亮的女孩接一次吻……"

在电影《遗愿清单》中,两位老人将离开人世前最想做的事情列成一张清单,然后照着清单逐一去实践。

早在很久之前,当我看到这部电影时就不由自主地陷入了沉思:

"我也来列一张遗愿清单吧,列举一下最想与孩子一起做的各种事情。"

于是,这本书便与大家见面了。

大人们看东西时往往会非常现实,而在孩子们看来,成年人的想法常常是匪夷所思的:

倘若提到"我们去露营吧",孩子们一定会欣喜若狂,而大人们则会不以为然地甩出一句"露营这么累,还不如在床上好好地睡一觉呢"。

倘若提到"今天就让我们痛痛快快地玩一天吧",孩子们一定会异口同声地高喊"太好啦",而大人们则会一脸疑惑地质问

"那要什么时候学习呢?"

倘若提到"就让我们尽情地高呼吧",孩子们一定会兴奋地大喊大叫,而大人们则会像看疯子一样地盯着你。

倘若提到"我们来试着玩玩这个吧",孩子们一定会问"这个好玩吗?"而大人们则会反问"这个需不需要花钱呢?"

人生就如同在路上行走。小时候的我们在路上哪怕看到一块小石子、一只小虫子都会觉得异常开心,而长大后的我们却只顾向前方用力奔跑,早已没有了欣赏路边景致的闲暇。回首过往,如今的我们看上去远远不如儿时幸福。

于是我们难免会有这样的疑问:父母想要给予孩子的,到底是"痛苦的幸福"还是"没有快乐的胜利"?十个月的漫长等待终于盼来小宝宝的呱呱落地,这时父母早已经开始为孩子做起了各种打算,他们为"到底父母能为孩子做些什么"、"孩子如何成长为最幸福的人"等诸如此类的问题苦恼不已。但随着孩子渐渐长大,父母们那最初的梦想也会慢慢消失殆尽。

"孩子与父母在一起时,能共同感受到的真正的幸福究竟是什么?"

我逐渐开始思索这个问题。我很认真地拜托前后辈与同事们写下了一些我所关心的问题:"与孩子们做什么事情时你会觉得幸福"、"最想与孩子一起做些什么事情"等等。

在收集这些答案的过程中,我突然明白了:没有什么比父母与孩子一起度过的时光更为重要,没有什么比带着一颗童心与孩子们一起玩耍时的快乐更为持久。我们经常用这样一句经典的话来形容成人世界的遗憾——"子欲养而亲不待"。我更想这么转用这句话:"亲欲乐而子不待"。是的,孩子一眨眼就会长大,所谓的挣大钱、住豪宅、与孩子一起生活,这一切对很多人来说都可能只是遥不可及的梦想。现在,我们能做的就是与孩子一起度过最美好的童年时光。

在孩子成为像我们一样的大人之前;在孩子开始终日精打细算、与人生快乐告别之前;在孩子脸上微笑渐失、唯留严肃之前;让我们一起,与孩子认真地完成这45件事情吧——也即本书中所提到的"遗愿清单"——最想跟孩子一起做的45件事情。

再次向为本书提供资料的Bookstory出版社编辑部全体成员表示最衷心的感谢。

记于去往首尔路的KTX列车上
明鲁镇

目 录

第一件事　孩子,我们一起享受漫步的美好时光 / 5
第二件事　对爸爸有什么不满意,尽管说出来吧 / 10
第三件事　嘘!这是只有我们才知道的秘密暗号 / 13
第四件事　找一个只属于我们的秘密基地吧 / 17
第五件事　带上行囊,我们去扎帐篷露营 / 21
第六件事　别只是读过就算,来跟我讨论这本书吧 / 26
第七件事　我的梦想是团购一次宇宙旅行 / 30
第八件事　站出来和我一起为挨骂的人做辩护 / 35
第九件事　再热情点!一起为我们喜欢的球队加油 / 39
第十件事　世界上没有100%的真实,这只是个善意的谎言 / 43
第十一件事　今天我们一起关心小虫子 / 47
第十二件事　走吧,爸爸带你去你梦想中的地方 / 52
第十三件事　去做志愿者吧,能帮助别人你就不是最弱小的 / 58
第十四件事　放轻松点,爸爸告诉你小孩儿是从哪里来的 / 64
第十五件事　什么是代沟?我们一起去看演唱会吧 / 68

第十六件事	我们做到了！自己奖励自己一次 / 73
第十七件事	人生的必修一课,我们一起来写遗书 / 77
第十八件事	准备好了吗?今天我们去参观博物馆 / 81
第十九件事	一起寻找回忆,去到小时候生活过的地方 / 86
第二十件事	今天我们来读一读伟人传记 / 91
第二十一件事	你真棒!我们一起来数一数你的优点 / 96
第二十二件事	我们一起学习吧,外语其实并不难 / 100
第二十三件事	最喜欢你做诗朗诵,自信又勇敢的孩子 / 104
第二十四件事	孩子,跟爸爸一起变身超级大厨吧 / 110
第二十五件事	为孩子养个宠物,给孩子加点责任心 / 114
第二十六件事	给身边的人写封感谢信,谢谢你们如此爱我 / 118
第二十七件事	一、二、三、四!跟爸爸一起做运动 / 123
第二十八件事	现在召开编辑会,新一期家庭报纸开始编排了 / 127
第二十九件事	安慰一下做错事的孩子吧,我们一起做补救 / 132
第三十件事	这个周末,我们一起去农村种菜吧 / 137
第三十一件事	砸开存钱罐,里面的钱花在自己想花的地方 / 143
第三十二件事	送一件自己最珍爱的东西给孩子做礼物 / 148
第三十三件事	时间是怎样用掉的?跟孩子一起制作时间记录表 / 152
第三十四件事	浇水、施肥、晒太阳,跟孩子一起养株植物吧 / 156
第三十五件事	爸爸和你在一起,我们去攀岩吧 / 162
第三十六件事	闭上眼睛,我们一起体验残疾人的生活 / 167
第三十七件事	冬天来了,我们去为孤寡老人送"爱心蜂窝煤" / 171
第三十八件事	跟孩子一起给一年后的自己写封视频信吧 / 176
第三十九件事	共享冥想时间,生活太紧张我们需要静一下 / 179
第四十件事	爸爸也需要充电,我们一起学习吧 / 184

第四十一件事	记录每日消费,跟孩子一起制作月家庭账簿 / 188
第四十二件事	在适当的时候,跟孩子一起玩电脑游戏 / 191
第四十三件事	跟孩子一起祈祷,让心中充满美好祈愿 / 198
第四十四件事	从今天起,关心我们身边的环境和世界 / 202
第四十五件事	跟孩子一起,把目标写在纸上 / 207

现在,想要给你的孩子留下些什么?

Copyright@Moon Seobin

第一件事

孩子,我们一起享受漫步的美好时光

"如你所言,尚宇现在已经长大了,所以作为父亲,我想和儿子一起散散步、谈谈心。我们彼此都有许多话想告诉对方。"

"这么走着不累吗?"

"世上哪有不累的事情,关键在于怎样将这些劳累变得有意义。"

"我喜欢父亲与孩子一起散步的时光。散步的时候,父亲可以与孩子谈一些在家里从未谈过的话题。"

韩国著名小说家李顺元将自己与儿子尚宇一起漫步大关岭的故事编成了一本书,书名为《与儿子一起漫步》。李顺元在与儿子漫步大关岭山路的过程中聊了许多东西。

李顺元说,行走时他谈到了自己的父亲,也就是儿子的爷爷,谈到了常青藤联盟,谈到了儿子的将来。在跨过某座山岭时,两人相视无言,但此时已是无声胜有声。

在这本书中,李顺元描绘了一位给予父亲无限慰藉的儿子与一位教导儿子人生智慧的父亲的形象。

"父亲与儿子一起散步,谈一些在家里从未谈过的话题,这样可以更深入地了解彼此。在我们从大关岭山顶走到山下这一路交流的过程中,我突然感到儿子似乎长大了。"

不要担心不知该说什么,也不需要为交谈的话题事先做准备。我希望大家能跟子女一起花一天时间散散步、谈谈心,去江边也好,去海边也好,只有这样,孩子和父母之间的爱才能像江水一样汹涌。

作家林厚南与儿子一起在济州岛小路散完步后,也将他的这段旅程写成了书,书名叫《与儿子的济州小路之行》;书中还有很多他儿子拍摄的照片。

"我不知道儿子会有什么样的思考,也不知道他从这段旅途中学到了什么。但我相信,在今后的人生中,当儿子再次踏上这条小路时,面对生活中处处可见的艰辛和困难,他一定会变得越来越坚强。行走在步履艰难的柏油路上是一种人生,漫步于干净漂亮的乡村小路上也是一种人生。"

众所周知,德国哲学家康德每天都会准时从居所走出来,边散步边思考问题。贝多芬会每天行走在维也纳森林中,感受神谕般涌上来的音乐灵感。越南一行禅师在法国波尔多建立了名为"梅村禅修中心"的冥想联合体,引导大家边思考边行走,他说,用心呼吸和行走就是所谓的冥想。一行禅师还说:"在大自然中边行走边思考,能真切地感受到自己正置身于蓝天与微风、树木与草丛所编织的生命大景观中。"

这就是漫步,我们必须为思考而漫步。当我们停止行走的时候也就停止了思考。迫于生计的人是不会漫步的,他们只会拼命地奔波;已经逝去的人们也不会漫步,他们只会永远躺在冰冷的世界里。漫步的人介于奔波的人和逝去的人之间,他们行走在这条羊肠小道上,而这正是他们依旧存在的一种证明。

让我们漫步吧。为了摆脱忙碌艰辛的现实世界,为了获得更多的自由。当我们漫步在长长的小路上,我们会有更多新的感悟。

因为生活在一起,所以家人之间可以互相分享比其他人更多的东西。家人在家庭中相亲相爱,甘苦与共,是彼此生命中的支柱。

但对许多人而言,越是关系亲密的人,反而越不懂得珍惜。当我们把一切都视为天经地义的时候,往往就会把关怀和珍惜丢在一旁,在不知不觉间错过了一个个本不该错过的美好回忆。所以,让我们珍惜和家人相处的时间,或多或少做

"在我们从大关岭山顶走到山下这一路交流的过程中,我突然感到儿子一下子长大了。"

一些改变吧。

　　最好的方式就是走到门外。我认识一位登山者,对他来说登上珠峰与阿尔卑斯山就如同进出自家大门一样游刃有余。他的一句话让我印象深刻——"比起征服八千米高的山峰,跨进家人内心的门槛好像更加困难。"

　　想在忙碌的日常生活中抽出时间和孩子一起长时间漫步其实并非易事。但经常和孩子一起漫步的人却会告诉我们:"如果没有这样一段漫步的经历,就没办法和孩子进行现在这样深入的交流。"通过与孩子一起漫步,心灵深处的高筑的壁垒会自然而然地瓦解。许多人都有过这样的体验:最初的谈话可能无关痛痒,但慢慢地,两个人便会向彼此敞开心扉。

　　想要得到与孩子倾心交谈的机会吗?那就跟孩子一起来个长长的漫步吧。

　　现在,就让我们拉着孩子的小手,一起跨进这道门槛,好吗?

第二件事

对爸爸有什么不满意,尽管说出来吧

"来,说说吧。对爸爸有什么不满?"

那天,我们一家子刚外出用餐回来,围在一起吃着从冰箱里取出来的冰激凌。这时,我老婆开口了:"我说,最近看你好像不怎么关心孩子呀。"什么?这话我可完全不能接受。

"你说我不关心孩子?上个月孩子的开销不都是我挣的?辅导班、私人课程费、新买的演出服装……孩子吃的穿的用的,哪个不是我挣来的?别说孩子的老师叫什么,就连他那些朋友的名字我都能随口叫上三四个。而且,我每个星期都会抽出一个小时陪孩子玩,还时不时带孩子去洗洗桑拿。而且,我还辅导他的数学学习呢。"

我认为自己对孩子可算是尽了一个老爸的应尽之责,但

我万万没想到,孩子竟然这样回答我:

"请老爸多关心一下我平时在校的学习情况!我钢琴课学的什么曲子,哪一天去上钢琴课,什么时候钢琴演出,也请老爸都记在心里!还有,你要多多鼓励我,说我'做得好'!"

我着实吃了一惊。我与孩子一起度过了同样的时间,可我们记住的东西却如此地不同;我记住的是自己为孩子所做的事情,可孩子记住的却是我没有为他做的事情。

记得某位著名精神科医生也这么说过:"父母与孩子虽然住在一起,留下的记忆却是不同的。父母记住的永远是为孩子做过什么,而孩子记住的却永远是父母没有为他们做什么。"

即使父母为孩子付出了再多,孩子仍然不知感恩、满腹牢骚。他们认为,父母为自己所做的一切都是理所当然的,而且父母还有许多许多没有做到的事。

《论语》中有这样一句话:

"孟武伯问孝,子曰:父母唯其疾之忧。"意思是说,对父母的关心要达到对自己的孩子生病时的关心程度才是孝道。

这就是身为父母的心情。可是孩子们却并不这样想。他们希望父母为自己做这个、买那个,希望父母关心关心自己这个、考虑考虑自己那点。对我这个老爸,孩子内心中竟然堆积着这样多的不满。要不是那天的聊天,我也无从得知孩子内心的这些想法。

自此以后,我开始变得更加忙碌了。在我的日历上,密密

麻麻写满了孩子的考试时间、钢琴课时间、试演以及演出时间。今天,我也要问孩子一句:

"在学校里过得开心吗?"

要说一起度过时间最长的,肯定非家人莫属。正因为这样,我们才总会认为家人一定能够了解彼此的一切,但实际上并非如此。即使家人经常在一起谈天说地,在我们内心深处某个角落里仍然藏着一些没有说出来的东西。其实,一句话就可以将误会统统化解,比如孩子对父母的忽视,或是父母对孩子无意的伤害。

要想关系和好如初需要的是时间。要知道,身上的疤痕会很快痊愈,但心中的伤痕却不可能轻易地说抹去就抹去。我们对彼此想说的话越来越少,我们之间的心灵壁垒就会越筑越高。

我们需要拿出一些时间说一说对彼此的不满。或许话一出口,不满便会瞬间消失。只有对父母、兄弟姐妹敞开心扉,说出不满,你才能心无芥蒂地愉快生活。

第三件事

嘘！这是只有我们才知道的秘密暗号

我与儿子之间有一个暗号，那就是"来份炸酱面"。单看暗号的字面意思，说不定你会觉得我是在给某家中式餐厅打电话叫外卖呢。而在我们家，"来份炸酱面"意思其实是"老婆发火了"。

有一天我下班刚回到家，就见儿子蹑手蹑脚打开房门走出来，慌慌张张地对我说道：

"老爸，看样子今天得来份炸酱面了……"

"怎么了？发生什么事了？"

"这个……我们期末考试成绩出来了，我看老妈脸色不妙啊……"

"知道了，下次努力学习吧。"

"是,老爸!"

"你这小子,回答得还挺干脆啊。"

我与儿子用只有我们知道的暗号交流完后回到了各自的房间。走进屋里,我装出一副若无其事的样子:

"老婆,这天真够热的,要不……我们出去搓一顿怎么样?你也不用做饭了。"

"哪有这些闲钱啊,随便吃点儿算了。"

果然气氛有些异常。

"你不是今天一早就喊着说想吃鱼了嘛。黄土村庄,走,我们去那儿。"

"坐车不还要十多分钟吗,算了吧,待在家里简单吃一点吧。"

"不管怎样,今天一定得吃一顿我才舒服。现在出去的话,8点半就差不多能赶回来。今天我来开车,你只管尽情畅饮就好,怎么样?走吧!"

"呃……那好吧。"

来到客厅,我故意大声喊道:

"小子,你也赶快准备准备,今天晚上,为感谢你辛苦的老妈我们出去好好地吃一顿。"

为了搞定老婆的胃,我和儿子并肩作战。

在牛耳洞山谷的黄土村庄,我们大快朵颐。因为要开车,我只要了一杯苏打水,老婆则是将一整瓶啤酒喝了个底朝天。回来的路上,儿子一直安安静静地坐在车后座上。

"妈,这次考试是我没尽力。下次我一定会努力的。"

"既然你这么说了,妈妈也有话要讲。上次科学考试前一天你说去志勋家抄笔记,一待待了两个半钟头对不对?第二天你说在学校就打半小时篮球,但其实还是很晚才回来吧?妈妈虽然没说什么,但早就知道你只能考这些分了。"

老婆只要一喝多,话就会多起来。

"我知道……"

"妈妈不许你见朋友了吗?不准你打篮球了吗?妈妈给你足够的休息时间让你尽情地玩。星期天早上随你蒙头大睡从不叫你,平常你一喊累,就让你早早休息。妈妈说的不对吗?"

"……是。"

"妈妈怎么说的?平常可以玩,但到临近考试的时候一定要集中精力学习。别人玩的时候你在玩,别人学习的时候你还在玩,你什么时候学习啊?"

"妈……"

"所以妈妈让你平时跟别人一样用功,考试的时候得更用功,这样你才能战胜别人。你以为在这个社会上混口饭吃很容易吗?"

一提到集中精力学习和社会生活不易,老婆的那套大道理便犹如黄河之水滔滔不绝,不持续 30 分钟不会停歇,只有等到她酒劲儿下去后才肯罢休。儿子早已对此习以为常,所以只是在一旁默默听着。

"要是我,宁肯去学习也不听老婆这些唠唠叨叨。"

我这么想着。回到家,我先去洗澡,从浴室出来时,就见老婆正从儿子的房间走出来。

"去干吗了?"

"给儿子送了杯酸梅汁。"

"什么,给那臭小子?"

"臭小子才要'多给一块年糕'嘛。"

看样子,明天不需要来份炸酱面了。

秘书"secretary"原意是"共同分享秘密的人"。历史上,开明帝王的军师或优秀领导者的秘书为了守住秘密甚至会不惜牺牲生命。

那些能与上司分享秘密的秘书,同样也能与他们共同商讨各种意见。

俗话说,孔夫子都对自己君王的缺点闭口不谈。共享秘密对两个人来说有着极其重要的意义。

创造一个秘密暗号吧,在爸爸与儿子之间、妈妈与女儿之间。使用秘密暗号可以进一步拉近彼此的距离。

第四件事
找一个只属于我们的秘密基地吧

　　根洙又在学校惹祸了,被他打的孩子足足用了三周时间伤势才痊愈。学校对中学3年级的根洙做了停学处分。得知此事后,爸爸狠狠地给了根洙几巴掌要儿子改过自新。可是,过了几天,根洙突然离家出走了。

　　根洙的妈妈四处打听仍没有得到一点关于儿子的消息。

　　"是我做得过分了……要不然儿子怎么会离家出走啊。"

　　"儿子到底能去哪儿呢?身上就带了那么一点点钱……唉,在外面睡都没法睡,到了晚上天又冷。"

　　"和一群坏孩子打成一片,会不会也变成个坏孩子啊?"

　　一整个晚上爸爸妈妈翻来覆去难以入睡。根洙离家出走四天以后,两人再也挨不下去了,于是去派出所报了案。回来

的路上,根洙爸爸突然说了一句:

"我去江村一趟。"

"江村?为什么去那儿?"

"你不记得了吗?根洙上小学的时候,我和他去那儿旅行过。"

"记得……"

"那是那时候我们俩一块儿去过的地方。不管怎样,我去看看,到时候给你电话。"

根洙读小学5年级的时候,父子两个去江村的山谷旅行过。那天,在一家民宿店里,爸爸曾对儿子说道:

"根洙啊,爸爸对你也没有什么奢求,只要你身体健健康康的就好,明白吗?"

"我明白,老爸也要身体健康。"

"生活中,谁都会遇到一些困难。一定要记着今天老爸说的话,OK?"

"那么说这里就是只有我和老爸知道的秘密场所了?"

"对,儿子,这里就是只有我们俩知道的秘密场所。"

爸爸刚刚走进民宿店,就发现儿子正在一个角落里狼吞虎咽地吃着拉面。

"爸爸……"

"带钱了吗?"

"嗯……"

爸爸走过去,与根洙坐在一起吃起拉面来。这天晚上,两人安静地交谈了许多许多。

"对不起,爸爸打你了。"

"不,是我错了……"

"我再不会那么做了。"

"我也再不会那么做了。"

夜空,一颗流星划过。

词典中对"秘密"一词是这样定义的:不泄露给他人的事情或一定不让他人知道的事情。

当秘密被共享时,人们之间的关系会变得格外亲密。因为共享了一定不让他人知道的事情,两个人才会紧紧凝聚在一起。人是需要通过沟通交流才能生存的动物。如果在一起没有什么可以交流,两个人在一起就会感到尴尬,但如果能将自己的心事与另一个人分享,经常见面交流,两个人自然也会变得越来越亲密。

所以,相爱的人共享秘密、共享秘密的人最终相爱,都是真情的一种体现。爱与秘密的关系,就像上面说的一样。

与孩子发掘一个只有两个人知道的秘密场所怎么样?大家是否还有小时候与朋友在约定的秘密场所一起玩耍的记忆呢?

我跟自己的孩子做了这样一个约定:

"如果战争爆发,我们变成了离散家庭,我们就在战争结束一周后的上午 10 点在我们约定的秘密场所见面吧。"那么,属于我们的秘密场所又在哪儿呢?

嘘——

这是一个小秘密。

第五件事

带上行囊,我们去扎帐篷露营

这个夏天,成信一家来到山谷里扎帐篷露营。成信与大儿子在溪谷边相互泼水嬉闹,水湿透了两个人的衣裳。

老婆与小女儿正在给刚刚装饰好的小鱼缸里放石子。由于爸爸哥哥泼水嬉闹,自己这里也不能幸免,小女儿发脾气了——不,这似乎不是真的发火。

单看脸色,四个人都没有半点端倪,但每个人心中其实都堆积着小小的压力与烦恼。孩子因为自己的学习;妈妈因为孩子的成绩;而成信,则是因为自己在孩子与老婆之间进退两难。

四人今天看上去格外地开心,没什么特别的事儿也能咯咯咯笑上大半天。傍晚,一家人正在蒸米饭排骨的时候,大儿子带着朋友出现了。儿子说这是刚刚打球认识的朋友,想让他一起加入。征得这位朋友父母的许可后,成信希望两家人凑一桌。不一会儿,儿子朋友将自己的家人——爸爸、妈妈和妹妹带了过来。

两家一起吃晚饭,笑声更是欢畅。成信想了想,去年露营的时候女儿也把朋友带来过。在野外见面使得孩子们倍感新奇,亲密感也会骤然增加。

夜深时分,成信在帐篷里挂上蚊帐,点上蚊香,然后轻轻掀开帐篷一边。凉爽的晚风轻轻吹进帐篷,从这角小小的缝隙里,甚至可以看到夜空的星星。

"从这里看,星星是不是更亮了?"

成信问道。儿子似乎准备好了一样回答说:

"好亮,就像谁干干净净擦完后挂在夜空中一样。"

往日沉默寡言的儿子一瞬间变成了诗人。成信在黑暗中紧紧握住了儿子的手。这时,儿子突然向爸爸问道:"爸爸以前看到过这样的星星吗?"

"那当然了!爸爸小时候经常躺在瓜棚或者木地板上看着星星就睡过去。有时候,爸爸会跟朋友们一起找天上的星座,有时候爸爸找到一颗朋友又会找到更亮的一颗,找着找着困意涌来,爸爸会感觉自己好像躺在星星旁边一样。"

成信仿佛又回到了小时候在木地板上看星星的时候。这时候小女儿插嘴了:

"我现在好像也躺在星星旁边呢,我现在听到的声音好

像就是星星发出来的。"

成信一家说着悄悄话,夜愈来愈深,孩子的声音也愈来愈低。可能是因为味道太过浓烈,成信将蚊香挪到了帐篷口。当他转过身时,两个小家伙都已经酣然入睡了。

没有什么比扎帐篷露营更能增进父母与孩子之间的亲密感的了。在我孩子写下的《与爸妈共度的最美好时间》里,"扎帐篷露营"就出现在了目录中。

最近,越来越多的人爱上了带着汽车帐篷或活动帐篷等各式装备享受奢华的露营之乐。

实际上,野外露营在人类历史上自古以来便是一种享受——原始时代的人们难道不正是过着天天烧火做饭、数星星睡觉这样的生活吗?

几年前,我曾去过墨西哥高原地带旅行。生活在那里的塔拉乌马拉族常常会聚在一起点篝火聊天,这些人躺在地板上聊着聊着就会不知不觉地一觉睡去。他们身披羊毛编制而成的斗篷,温度一降下来,就会将斗篷搭在身上入睡。

许多人能在野外露营中获得别样的乐趣与内心的自由。野外露营时间虽然短暂,但却是一种摆脱城市生活,在大自然中打造自我空间的体验。即使在同样的树林中,私人寄宿店与帐篷的感觉也不尽相同。

躺在帐篷里,你会感到自己与大自然已经浑然一体。原来我们与原始时代之间不过只隔着一层薄薄的布(准确来说是合成纤维),我们可以真切地感受到大自然的味道。

在绿树成荫的山林中,一家人齐心协力地扎帐篷。远处传来山斑鸠与布谷鸟的叫声,幽咽的蚁鸣与淙淙的溪流也重叠在一起。我们要集中精力面对的最大问题的仅仅是"今天晚上该吃点儿什么?"一到傍晚,烧烤派对接踵而至,在这空气清新的野外露营地,吃什么都香甜可口。吃饱后,大家点上篝火。到了晚上,星星与月亮也梳妆一番,一闪一闪地轻挪倩步走了出来。一家人舒舒服服躺在床上,一边看夜空一边说着悄悄话。

如果这一刻是在家里,又会是什么样子呢?恐怕会有这么一番对话吧:

"快换台!到棒球比赛时间了!"

"每天就知道看棒球!今天我要看动漫!"

"你怎么也和孩子一样呢!"

第六件事

别只是读过就算,来跟我讨论这本书吧

庆恩带着孩子来到书店,可跟妈妈一起逛书店的英宇嘴巴却噘得很高,这是为什么呢?原来,英宇想让妈妈给自己买游戏机作生日礼物,可妈妈却假装没听见带他来书店买书。英宇一直在忍着,但当他看到妈妈挑选的并不是自己想看的东西,而是老师推荐的书时,英宇实在忍无可忍了。他怎么也无法理解,为什么连爸妈自己都不读的东西却非要让孩子读呢?

直到现在,妈妈还总是"独断专行",让英宇做这做那,从来不考虑一下英宇的意见。妈妈在付钱的时候,英宇心想:哼,这次我绝不读这本书。

一天,英宇从学校回家,发现妈妈正在饭桌旁看书,书名叫《为什么世界上有一半人在挨饿》。这是英宇班主任指定的必读书目,为了写读后感,几天前,英宇刚从学校图书馆将这本书借来。这是一本对谈录,书中联合国特别调查官与儿子就全世界的弃婴问题展开了一番热烈的讨论。英宇发现妈妈捧着这本书看到夜里很晚很晚。

第二天,英宇也开始读这本书。虽然对英宇而言,这有些晦涩难懂,但在读书的过程中,英宇内心始终无法平静下来;自己不愁吃穿,生活舒适,却还总是一肚子抱怨,可全世界上竟还有那么多吃不上饭的孩子!

"在地球上未满10岁的儿童当中,每5秒钟就会有一个人饿死,每3分钟就会有一个人因缺乏维他命A失去视力。

....

虽然现在生产的粮食可以轻松满足地球人口的两倍——120亿人的消耗量,但全世界粮食的1/4却要供给发达国家的牛做饲料。

在发达国家,因吃肉过多营养过剩而死亡的人数逐年增加,但殊不知世界上还有8亿7千人没有饭吃,营养严重失调。

....

在朝鲜,从1995年到2000年,仅5年时间便有200万人因饥饿而死。"

第二天英宇早早起了床。妈妈还没开始大声喊吃饭,英宇便乖乖坐在饭桌旁边,将自己碗里的米饭吃了个一干二净。爸爸一副吃惊的样子问道:

"咦,怎么回事?这小子不是天天早上都喊没胃口吗?"

"我说不准能保持到什么时候,但现在暂时不会挑食了。"

"为什么这么突然?"

爸爸丈二和尚摸不着头脑,完全不明白英宇到底是怎么回事,但庆恩似乎已经了解了一切,嘴角漾起了微微的笑意。

英宇来到学校后,发现自己书桌上放着那位作家的另一本书,书中同时还夹着一封妈妈的信。

"英宇,你已经读过《为什么世界上有一半人在挨饿》了吧?这本书给了妈妈很大的触动。

每每在电视上看到第三世界的情形,妈妈心里就特别难受。妈妈自己能够做的虽然微不足道,但也是一种援助。但这不是全部。你要明白,世界上还有很多很多人因为挨饿死去。

儿子,你要怀有一颗感恩之心,感谢老师给你推荐了这本书,让你能够看到到世界上所发生的这些事情。我也深感自豪,因为我的儿子不辜老师的期望,比以前变得更加懂事了。

妈妈在读这本书的时候反省了很多。虽然妈妈不能像这本书的作者一样,但为了让我的儿子看到一个更加宽广的世界,妈妈会想尽办法做一切的努力。那段时间妈妈强迫你读连妈妈都不读的书,写连自己都搞不懂的读后感,妈妈心里很是愧疚。

以后我们一起读这本书,然后一起讨论这本书,怎么样?"

英宇和妈妈的读书大讨论从这一天之后就开始了。两个人对读书充满了兴趣。起初是庆恩选书,后来则轮到了英宇。转眼间,英宇已经不知不觉地成长为了一名爱好读书的6年级学生。

英国首相撒切尔夫人从小时候就开始为爸爸打杂,每到星期天都会去图书馆。回到家后,一家人会轮番阅读并共同讨论从图书馆借来的书。撒切尔夫人说,正是那时候读的那些书造就了今天的自己。

被强迫读书是一件苦差事。但如果阅读之后再参与大家的讨论,读书的态度也许就会有很大转变。如果我们感到书籍有趣,自然就会对读书产生莫大的兴趣。帮助我们迈出第一步的人,正是我们的父母。

如果想让孩子读书,首先就要充分做好读书讨论的准备;哪怕仅仅是为了孩子与父母的共同交流。

第七件事

我的梦想是团购一次宇宙旅行

去年夏天,跟孩子去东京旅行时,我们一起看了一档叫作《嫁到世界角落的日本女子》的电视节目,讲述的是一名日本女人与新喀里多尼亚小岛上的土著居民结婚生活的故事。听到这个消息后,年轻的日本女记者为了见这个女人乘船去了新喀里多尼亚。足足花了3个小时,她才看到了这座小小的岛。

新喀里多尼亚岛上的居民长得与澳大利亚土著居民颇为相似;他们都有着尖尖的下巴与厚厚的嘴唇,颧骨突出,眉毛浓密。

记者开始寻找与日本女人结婚的男人的住所。

她跨越一座座村庄,涉过一条条河流,在太阳快要落山的时候,她来到了一户贴着木板的家门前。走进大约十坪左右的房子里面,记者只看到了两张床和几只碗。就在这时,一位土著男子朝记者走过来。

"请问您是与日本女子结婚的土著居民吗?"

"Qui(新喀里多尼亚是法国殖民地,这句法语就是"是"的意思)。"

这位男子介绍了自己的两个孩子——一个五岁的儿子和一个刚满三岁的女儿。

"您的妻子在哪儿呢?"

"她这就过来了。"

随着摄像头的转移,一位女子慢慢走进了我们的视线里。怎么可能!我瞪圆了眼睛,定定地凝视着屏幕。在这名女子出现的时候,电视下方滚动着这样一组字幕:

"日本美女出场!"

这位嘴角带着浅笑、着装淡雅、三十岁出头的女子正是光子小姐。可是,日本美女怎么会来这种地方呢?

"请问……您是在这里结婚了吗?"

听到记者的提问,女子害羞地含笑说道:

"今天实在太晚了,您先在这里休息一下吧。"

第二天一早,到了吃饭的时候,女子向记者问道:

"饿了吧?早餐吃烤鱼怎么样?"

记者吃了一惊,忙回答说:

"好啊好啊,我很喜欢烤鱼。とうぞお願いします(请多关照)。"

女子回头看着丈夫喊道：

"老公，去准备些鱼来。"

"Qui，老板娘！"

丈夫撑一支30米左右的橹橹，摇着长2米深5公分的小丸木舟，慢慢靠向海水中央。只听扑通一声，这位土著男子跳进了海里，片刻之后他的鱼竿上便有两条一尺多长的大鲫鱼上钩了。

生起炭火的女子将两条肥硕大鱼架在了火上。没过多久，她就摆上了烤好的鱼肉和点心。记者禁不住连声喊着"おいしい(好吃)"，大口大口吃了起来。

"口渴吧？"

女子问道。记者点了点头。这时女子再次转向丈夫：

"老公，去准备些椰子。"

"Qui，老板娘！"

丈夫爬到家门口的椰子树上，拿砧板上的菜刀刷刷砍下两个椰子，然后爬下了树。他清理干净椰子底部，向记者走过来，记者接过他手里的椰子边喝边感叹：

"太好喝了！"

女子在一旁悄悄看着，等记者喝完椰汁，女子领她来到了自己房屋后面。跨过破旧的棚屋，一片田地映入眼帘。

"这里竟然还有田地呢！"

"这可不是什么人工田，而是自然生长的一片农田，这里的稻谷也都是野生稻谷。"

女子摘下几束穗子,搓下好多稻粒儿握在手里。她轻轻抚弄着这些稻粒儿,然后把它们放进了一只小碗中。

"有时候可以用它们做饭吃。"

记者连连感叹。女子又说道:

"您之前不是问我为什么来这儿结婚吗?七年前,我来这里做义务活动时遇到了我今天的丈夫,我们相爱了,于是我开始在这里生活。我有孩子,有老公,生活非常幸福。在这里,不需要存钱,也不需要贮粮,饿了就吃,困了就睡;我们就是这样生活着。"

女子粲然一笑,脸上是满满的无忧无虑。不需要存钱,不需要贮粮,饿了就吃,困了就睡,剩下的时间相爱。我不禁点了点头。其实,刚开始我便感到惊讶了。

"那么,为什么要放弃文明的惠泽,选择在原始小岛上生活呢?"

答案是这样的。光子小姐远涉重洋,从日本这样的发达国家嫁到没有电器、没有网购、甚至没有信用卡的南太平洋,正是为了寻找属于自己的幸福。谁说新喀里多尼亚小岛不是天堂?

我也想和老婆一起去没有存钱也没有贮粮概念的南太平洋小岛上看一看。我也想在那里生活上一年。看完电视后,我跟孩子讲起自己这个梦想。孩子扑哧一笑:

"哈哈,还不如我们一起去宇宙旅行一趟,怎么样?"

呃,这主意不错。

　　写下一个看上去不可能实现的梦想,然后将这个梦想告诉自己的孩子,瞧,还不错吧?要不然相互告诉一下对方自己不可能实现的梦想是什么,如何?也许到80岁,团购宇宙旅行这样的事情就会发生,谁又知道呢?
　　切·格瓦拉说过这样一句话:
　　"让我们做一个现实主义者吧。但也请让我们在心中树立一个不可能实现的梦想。"

第八件事

站出来和我一起为挨骂的人做辩护

"我这个新同桌真让人受不了!"

秀智一张口便开始大吐同桌的坏话。在一旁的晶实心里很是不舒服;最近孩子老是动不动就背地里对同桌说三道四。

"学习不行还天天做些乱七八糟的事。"

"只是取得一点点成绩就不知道有多嚣张。"

一打开话匣子,秀智便不厌其烦地数落起同桌的不是来。开始,爸妈都是只听不语。

但渐渐地,妈妈意识到不能再任女儿这样下去了。等秀智刚刚讲完,晶实语气温和地向女儿问道:

"那,这位同桌难道没有一点儿优点?"

老妈这一句问话颇让秀智感到意外。

"没有！所有的人都排斥她,所以我才那么说她的。"

秀智回答道。

听了秀智的话,爸爸妈妈没有再说什么。到了吃晚饭的时候,晶实突然想起什么似的把碗筷一搁：

"把清扫公寓的大妈辞掉吧。"

声音仿佛掉进了无底洞,没有得到任何回应。晶实又看了看老公和女儿：

"那位大妈好像不怎么尽责,对吧？"

爸爸和秀智连连摇头。

"我去学校的时候大妈不是在认真地打扫卫生吗？"

"就是啊,电梯和台阶都是干干净净的呢。"

听到爸爸和秀智的回答,晶实点了点头：

"那就说明你们都反对辞掉那位大妈了？等邻居聚在一起时再商议商议吧。"

晶实鼓动大家将她辞掉,原因是这位嗓门粗大的清扫工大妈穿着窝囊,邋里邋遢的形象是她的致命缺陷。而对于这些,秀智和爸爸却装作一无所知。

那天晚上,晶实削完水果走进秀智的房间,这时女儿表情认真地看着妈妈：

"妈妈,其实我那位同桌恩美她……因为大家都排斥她,背后说她,我才讨厌她的。可是刚才听了妈妈的话,我觉得恩美也不是没有一点儿优点的……"

晶实坐在床边：

"是吗？那今后，你对恩美也要像和别的同学一样好好相处吧。"

"我该怎么做呢？"

"你要经常夸一夸恩美的优点。对，她有什么优点呢？"

"呃……想起来了，上次去学校雨下得很大，袜子都湿透了，是恩美借给了我一双新袜子；虽然我们走得还不怎么近。多亏了她，要不那天我进教室时该多狼狈不堪。"

"对啊。这孩子要找优点其实还是蛮多的。你呀，经常把恩美的优点挂在嘴边，别的孩子对她的印象也就会渐渐有所改变了。"

"真的吗？"

"当然啦。"

秀智想了一会儿，回答道：

"我会的，谢谢妈妈。"

背地里说人坏话是轻而易举的事情，只需人云亦云就可以。但是，要为这些挨骂的人做辩护可没那么简单。为这些人辩护，你要仔细分析别人说了他们什么，还要表明不得已而为之这一实情。此外，你还要忍受别人异样的甚至不友好的目光。因此，比起替挨骂的人做辩护，大多数人都会选择站在谴责者的一方。

可是,如果挨骂的人是自己呢?或者是自己的兄弟姐妹、亲密朋友呢?你还会像别人一样不分青红皂白嚼人口舌吗?你一定会表明自己的立场,或者为自己的亲朋好友进行辩护吧。

因为我们的大脑中有一种"镜神经细胞",所以,当有人背地里说人坏话的时候,我们就会跟着他一起做这种事情。相反,如果有人积极站出来为挨骂的人做辩护,结果则会迥然相异;我们会不知不觉跟着他们生出辩护之心。

在现实生活中经常会出现这种情况:即使挨骂的人没有做错什么,人们也会仅仅因为讨厌他而对他说长道短。为挨骂的人辩护,其实也是在纠正他人歪曲的观点。

第九件事

再热情点！一起为我们喜欢的球队加油

这天正是三星狮与乐天巨头的比赛日，爸爸与熙洙坐在客厅的电视跟前为自己喜欢的球队加油。爸爸是三星的铁杆，而儿子却是乐天的死忠。

"爸爸为什么支持三星队？"

以往每当熙洙问爸爸的时候，爸爸总是这样回答他：

"爸爸的家乡在大邱，所以爸爸当然支持大邱的三星狮棒球队啦。而且爸爸最喜欢的选手就是吴升桓；他可是真正优秀的棒球手，每当看到他，我就想起了过去叱咤一时的申东烈。"

听了爸爸的话，熙洙的内心也开始慢慢动摇了。因为自己也很喜欢吴升桓选手。要说直线球，吴升桓简直能击垮一

片,就算不是三星的粉丝,也很容易被迷住。

"可要说到本垒打之王,李大浩选手才是真正的所向披靡!"

熙洙这样想道。

爸爸与熙洙各执其词,互不相让,都坚持自己支持的选手是NO.1,所以,每当到了三星与乐天的比赛日,家里就会格外热闹。有时候妈妈也会开玩笑让两个人彼此交换一下支持的球队。

"球队交换?胡说八道!"

爸爸回应妈妈说:

"我宁可改变国籍,也不会改变对乐天巨头队的爱!"

熙洙一脸严肃地看着老爸:

"什么?真是的……"

父子俩的这副模样让妈妈哭笑不得。不过,看到儿子会对爸爸的观点据理力争,爸爸又是如此尊重自己的儿子,她很是开心。

每当吴升桓选手三击不中时,爸爸就会拍掌大喊,而到了下一轮,李大浩选手开始进行本垒打的时候,熙洙也会连蹦带跳,激动不已。妈妈看看爸爸,再看看熙洙,感觉自己一会儿好像是三星粉,一会儿又摇身一变成了乐天迷。

而熙洙呢,也正在慢慢学着在支持自己球队的同时尊重对方球队。

当我们观看比赛时,自然就会有自己喜欢的球队和选手;如果有了自己喜欢的球队或选手,我们对比赛的热情也会加倍递增。

强队、劲旅,这都是孩子们羡慕憧憬的对象。与孩子们不同,大人们则会更偏好于支持自己的家乡球队。如果孩子与父母支持彼此喜欢的队伍,就会产生一种格外神奇的竞争心理,而这样的心理也会成为日常生活中的一副活力剂。

当我们所支持的球队获胜时,当然没有任何问题;但当对方支持的球队胜利时,我们就会莫名其妙地产生一种冲动,总想通过骂骂对方球队出出气。可是,如果支持那支球队的人正是自己喜欢的人呢?攻击诋毁一下子就会烟消云散了吧?父母与孩子相互支持不同球队的时候,孩子也会自然而然地学会更加尊重、更加关心对方的球队。

光明磊落地面对比赛,即使失败,也真心向胜者表示祝贺,这就是体育精神。胜不骄败

不馁,这就是体育竞技的真谛。孩子们在支持自己喜欢球队的同时,也是在提前经历未来中可能遇到的无数胜利与失败。

第十件事

世界上没有100%的真实,这只是个善意的谎言

听说姐姐要来姨妈家,贤秀立马问道:

"听说那个肥猪姐姐在减肥?"

恩静突然有些担心;她担心外甥女来到后孩子还会继续这样取笑。

"你要是敢在姐姐面前说那种话,你就死定了!"

"那我不叫肥猪姐姐肥猪,又叫她什么呢?"

贤秀还是那样油嘴滑舌,怎么办呢?恩静想起威慑下孩子或许可以封封他的嘴巴。明知道这样做不怎么好,但她还是打算抓一抓孩子的小辫子。

"姐姐要是开玩笑说你个子矮你愿意吗?"

恩静原以为贤秀会就此打住,没想到这小子狡黠地笑

笑：

"好啊，愿意愿意，最近朋友们不捉弄我了，我还挺无聊的。我就是发育晚嘛，以后还会蹭蹭蹭地长个子呢。我可不担心哦。"

"什么？"

贤秀刚说的正是恩静常常讲给他听的话。以前贤秀总是因为个子矮小被人嘲笑，每当贤秀哭着回到家后，恩静就会紧紧搂过他安慰说：

"朋友们是不是又说你长得矮？你要长高还早着呢。爸爸妈妈都是天生发育得晚；我们都是小时候个子矮，上初中后噌地一下子蹿高的嘛。你也是一样。不要担心啦，朋友们要是再嘲笑你，直接无视好了。"

第一次听了妈妈这话，小贤秀还是半信半疑。恩静知道最好的方法就是反复。一遍，两遍，三遍，十遍，二十遍……同样的话反反复复地让小贤秀听来听去，小贤秀自然就信以为真了。到了5年级，同学们再取笑贤秀，他也不会再放心上了。

实际上，恩静只是撒了个善意的谎。妈妈是在上小学4年级的时候个子突然长高，然后就再没怎么长过，而爸爸从小学1年级到初中1年级每年都会长高那么一点点。恩静这么说是为了给贤秀一种希望。让孩子不再担心之后，恩静开始天天忙着张罗各种有助于长个子的食物，同时让孩子运动，带孩子去韩医院做生长板检查。恩静甚至还让孩子吃过韩药。然而,她一次都没有告诉过贤秀自己所做的这些都是为了让他长高个子。

"以后还会长高?我们的小贤秀有这份自信很不错。不过姐姐也常常苦恼于身体肥胖,即使小小的刺激也会给她带来伤害。以前别人嘲笑你个子矮的时候你不知多伤心呢,记得吧?所以为了姐姐,你也要多对她说些好听的话啊。"

"……"

贤秀哑口无言。没过多久,姐姐来了。

"姐姐这几天经常运动吧?比以前瘦多了呢。"

"真的吗?"恩静刚说完,外甥女有些难以置信地问道,然后回望了一眼贤秀。贤秀点点头接口道:

"真的,姐姐瘦了,所以看上去更漂亮啦。"

父母都教育过孩子绝对不能撒谎。但有的时候,我们需要的正是谎言;为了自己,为了良好的人际关系,我们不得不常常撒谎。

当人们认为比起真话更需要谎言的时候就会撒谎,尤其是对他人的称赞。我认为这跟真实与否毫无关系。我们会对世上所有的妈妈说"孩子真可爱"(实际上孩子可能很难看);我们会对世上所有的婆婆说"泡菜真好吃"(实际上可能难以下咽);我们会对世上所有的上司说"今天打扮真时髦"(实际上可能打扮得非常土气)。

对方心里或许明白,这绝对不是100%的真实,但他们显然很愿意接受,因为这是对方对自己的一片关心。

冉·阿让曾经为肚子饿得咕咕叫的小侄子偷了一块面包,因而被判入狱,过了19年才被释放。是米里哀神父给他提供了床铺和食物。第二天早晨,门被敲响了,当神父打开门时,警察拖着冉·阿让走进来。

"这个人偷了一只银碗,我们把他抓起来了。可他竟然说是神父您给的,是吗?"

米里哀神父望着冉·阿让,责问道:

"我给你的银烛台,你怎么没一起拿走呢?"

为了救做过小偷的冉·阿让,神父甚至说谎替他辩护。而神父的谎言也使冉·阿让过上了另一种生活。

有时,谎言比真话更加伟大。来,从现在开始,让我们心里默念吧:

"世上所有的孩子都很漂亮。"

"婆婆做的泡菜都很好吃。"

"长辈做完发型后都显得很年轻。"

"我们都很幸福。"

"我们的家人都是最棒的。"

第十一件事

今天我们一起关心小虫子

    大多数孩子都讨厌虫子。亨旭家的大女儿徐英就怕虫子怕得要命,要是虫子突然出现在眼前,徐英一定会尖叫着逃走。随着年龄渐长,看到虫子时,徐英变得稍微沉稳了一些,但仍是绝不敢靠近一步。而亨旭家儿子智厚却与姐姐截然相反。小的时候,智厚也害怕虫子,但长大后却变得对虫子丝毫无惧。上次在中国旅行时,他还踩死了一只乱飞的知了。不过,总而言之,两个孩子都对虫子极其嫌恶。

    孩子之所以对虫子这样排斥,主要是因为他们认为虫子是一种极为肮脏的生物。

    实际上,虫子并没有我们想象的那样脏,调查结果显示,虫子反而比人类更要干净。如果把这个告诉孩子并让他们对虫子进行仔细观察，也许情况将会有所不同。

作家琼·伊丽莎白·洛克曾写过一本书，书名叫《世上没有坏虫子》。在书中作者这样说道：

"再小的昆虫也是我们自然界中的成员，再小的昆虫也是来自神的意志。所以，我希望大家不要忽视它们、杀害它们，也不要畏惧它们。"

漫长的夏日暑假开始了。亨旭带着孩子来到江原道洪川的小山村度假。亨旭的朋友京秀盖了一座田园宅，生活在这里。京秀有一个儿子名字叫冠永，与亨旭的女儿年龄一样大。孩子们在刚开始接触时有些陌生，但没过多久便成了好朋友。

第一天，冠永带着徐英和智厚四处游逛，三人在村庄前方的树林中和小溪旁玩耍了一整天。回到住处，智厚俨然变身为了一位森林冒险家，激动不已地大讲特讲自己一天的奇遇。

次日，亨旭夫妇要去朋友家果园帮着干活。为了让孩子们体会下吃一个苹果要付出多少汗水和努力，他们把冠永三人也带了过去。仅一天便适应了农村生活的孩子们在果园里兴奋地跑来跑去，别提有多高兴了。正在这时，徐英突然一声尖叫，远远地躲在了一边。亨旭老婆急忙赶了过来，然而她也尖叫一声，紧紧搂住了孩子。亨旭闻声匆匆跑来，原来是一只大人都没有见过的大虫子在她们母女两人的脚下缓缓蠕动。

不远处的智厚大声喊道：

"爸，快弄死它！"

亨旭下意识地抓起一条树枝，正当他准备下手时，冠永的声音传了过来：

"叔叔，别这么做！"

听到这话，大家都缩作一团站在那里一动不动。只见冠永像什么都没发生过一样，淡定地用手拿起虫子，将它放在了一片草木茂盛的地方。亨旭一家吃惊地注视着这一场景。放下虫子后，冠永冲大家一笑：

"大家不要杀害虫子。其实，虫子是更怕人类的；因为看到虫子，人们要么大声尖叫，要么杀死它们。大家了解一下就会知道，虫子也是善良可爱的动物。"

冠永的一番话让亨旭羞愧地低下了头，而智厚也是一脸难为情的样子。看来大家都认可了智厚的观点。

京秀解释说,因为靠有机耕作,所以果树园附近的虫子非常之多。

"刚开始我也认为它们都是蛀蚀水果的害虫,可是过了几年,我的想法转变了。作为低等生物,小虫子一直维持着生态界的平衡,人类完全是根据自己的标准来评判这种虫子有益或者那种虫子有害,这其实相当荒谬。"

从这以后,徐英和智厚看到虫子再也不会像以前那样大声尖叫不知所措了。

傍晚时分,徐英还会小心翼翼地轻轻抚摸抚摸小虫子。亨旭和老婆对虫子的认识也有了很大改变,他们都决定不再随随便便地厌恶这些小生灵了。看,智厚抱紧双臂一本正经地发誓呢:

"以后绝不会滥杀无辜啦。"

地球上总共有 150 余万种动物,其中仅虫类便有 100 万种。虫子会清理掉树上的有害物质,正是因为有了这些虫子,无人照管的小树林才会像现在一样保存完好。可以说,它们就是默默无闻辛勤工作的环保大使。

一般来讲,植物能结出果实,80%靠的是虫子的功劳。如果虫子消失,那么就意味着大部分的植物也会逐渐消失。虫子有着这样重要的功能,而我们对此却一无所知。

据报道称,环境污染致使地球上虫子的数量减少了25%左右。随着虫子数量锐减,花粉无法传播,花朵自然也不会开出果实,这使得自然生态界中每年都会有许多植物在消失。同时,植物的减少导致动物物种的灭绝,最终人类危机也会不期而至。

"如果没有了蜜蜂,人类也将在4年之内灭亡。"

这是爱因斯坦说过的一句话。当孩子们关心起虫子,那么,这种关心也会传达给一切生命。

第十二件事
走吧,爸爸带你去你梦想中的地方

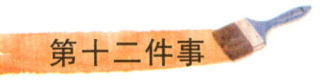

"石塔高度为 8.33 米,石塔结构为普通建筑结构或地台石结构,台基之上有五层塔身。

五层的塔身由 108 种石料构成,每一层的组合形式基本相同。因为最底端规模最大,十二石、四犄角各竖着凸肚状的太空石,其间每一面都有两块长板石。塔身的二至五层分别有二、四、二、一种石料。"

"嗬,如今我们的艺仁成大专家了嘛。"

艺仁与爸爸正在寻找古扶余的定林寺址。当艺仁对定林寺址的五层石塔作解释说明时,爸爸不停地点头:

"你看,比起塔身石,角柱是不是更宽?"

"二层往上,角柱非常短,所以凸肚状不再明显。"

"没错。"

初三的艺仁梦想将来能够成为一名考古学家,大学专攻史学的爸爸也会经常带着女儿游览国内各地历史遗址——扶余已经算是第三次了,此外,他们还去过庆州七次,济州岛也去过五次。为了实现梦想,小艺仁努力学习之余还同时阅读了大量书籍。考大学是她的目标之一,此外,作为一种体验式学习,每到放假,她还会与老爸转遍国内遗址地和博物馆。

爸爸正在存钱,这个冬天,他要带着女儿艺仁去她梦寐以求的法国卢浮宫博物馆游逛。为完成女儿的心愿,爸爸倾注了所有的热情。

每次切身体会完风格独特的文化遗产,小艺仁都会这样想:

"考古学家真是个了不起的职业啊!"

"这里就是医科大学。"

新学期已经开始,爸爸带着儿子京浩来到了延世大学。京浩现在正读高一,梦想是成为一名医生。延世大学是爸爸的母校,也是京浩憧憬已久的一所大学。京浩为自己的梦想努力学习,并将就读延世大学医科系作为自己的第一目标。

爸爸和京浩参观了医科大学、赛佛伦斯医院、学生会馆以及数字化图书馆。坐在露天广场上,京浩看到了师哥师姐们认真练歌的情景,看到了他们宣读政治言论的模样。自由的学术氛围,干练的大学生,帅气的建筑……就连食堂里的炸猪排也是既便宜又可口。京浩开始在脑海中想象未来跻身延世大的自己会是什么样子;一定无比帅气。

最近每当亲朋好友夸京浩"这孩子学习真好,不错不错"时,京浩的爸爸总会这样回答:

"开始京浩学习成绩并不怎么突出,但听到他说自己的梦想是一名医生,自己希望一定考入延世医科大学时,我便经常带他去那里转转。此后他学习就非常非常地用功。"

不管是艺仁的爸爸还是京浩的爸爸,他们都非常明白这一点:尊重孩子的梦想并带他们去梦寐以求的地方看一看,这远胜于唠唠叨叨地强迫孩子做这做那。

如今,孩子们的梦想丰富多彩,比如,总统(主要人群为幼儿园男生)、艺人、足球队员、花滑选手、119消防员、职业玩家……孩子的梦想是多种多样的。

我一位后辈的孩子正在读小学一年级,当问她梦想是什么时,她会回答说"酸奶大妈"。如果再继续问为什么这么多梦想中她最想做酸奶大妈时,她又会非常认真地回答你:"因为当酸奶大妈每天都可以喝到酸奶。"

三年后,当我再遇到那个孩子,她的梦想已

经换成了女艺人。看来最近艺人很受追捧啊。

如果有那么一天,孩子能够梦想成真,身为父母,我们也会感到无比满足。但有时我们还应该静下心来认真思考一下:孩子的梦想到底是孩子自己的梦想,还是我们的梦想;我们所真正希望的,是孩子"成为钢琴家",还是我们"成为钢琴家的父母"。

孩子会怀着梦想成长,所以,请尊重孩子的梦想,请带孩子去他们梦寐以求的地方看一看,请为他们插上实现梦想的翅膀。胸怀大志的孩子与胸无大志的孩子眼神是不一样的。胸怀大志的孩子眼神清澈而明亮,总是闪着熠熠的光芒。

这种光芒,正是来自他们那坚定梦想的内心。

"如果能够告诉孩子他们的优点,孩子们就会主动克服缺点,变得更加自信。"

Copyright@Moon Seobin

第十三件事

去做志愿者吧,能帮助别人你就不是最弱小的

"爸爸说要我和残疾学生一起去?"

"是啊。"

"还是登山?"

"不好吗?"

读初三的俊书很是不屑。他总是听到爸爸信旭说:"爸爸就专爱拣这种事做。"的确,骨科医生信旭经常参加与残疾儿童一起登山的活动。登山成员中三分之一为残疾儿童,三分之二为志愿服务者。即使登山活动决定好了,志愿服务者也可能随时变换新的成员。

十年来,信旭年年都会参加这一活动,有时专门负责医疗服务,有时负责志愿援助。十多年来从没有出过一次意外

事故,而医生伴行也给了所有成员们一股强大的力量支持。

在攀登北汉山和道峰山"无愁山—圆通寺"路线的这天,信旭把自己的儿子带了进来。

"这是我儿子俊书,今天可要拜托大家了。"

俊书看上去不怎么开心,被爸爸强迫爬山的不情愿在他脸上展露无遗。这次俊书的搭档是民哲;民哲还是一个11岁的孩子。

还没爬多久,民哲的眉头就开始皱个不停。经过访问者中心时出现了一道斜坡;这是条独自攀爬都格外吃力的小路。俊书为了能和民哲一起攀登上去,可是用尽了力气。

手拉手向上攀爬的两人已经疲惫不堪,汗如雨下,时不时停下来喘一口粗气。有时俊书还会边喘气边唉声叹气,看上去似乎在强忍着烦躁,而民哲只是含笑不语。

"民哲,加油!加油,加油,加油!"

残疾儿童中心的老师走到了民哲身边。听到这话民哲爽朗地一笑:

"只是有点儿……太累了,不过……没关系的……"

民哲又使了一把劲儿,俊书也不再耍脾气了。

走在前面的信旭不时回望一眼后面跟上来的俊书。这位爸爸正拉着其他残疾儿童的手,给这些儿童做如何搀扶的示范。

离山顶越来越近了,俊书的表情也稍有改变;满满不情愿的脸上似乎可以窥到一种坚定的意志,同时他也在努力地使民哲感到舒适。民哲似乎读懂了俊书的内心，积极地移动自己的身体。俩人好像已经合二为一，一步一步向顶峰爬去。

"……累的时候就喊加油，这样……就有力气了。我生病的时候，老师也是这样……为我喊了三遍加油，然后我就慢慢地痊愈了。"

"好……明白了……加油，加油，加油……"

"再大点声嘛。"

"加油，加油，加油！"

在山顶吃过午饭后，两人的脸上都露出了满足的笑容。这是最终战胜认为不可战胜的事物的一种成就感。尤其是刚开始搭档时还满心不快的俊书，现在似乎也和民哲成了亲密的朋友。俩人给彼此喂着紫菜包饭，笑得十分开心。信旭满足地看着孩子。

"令郎真是个懂事的孩子啊！"

残疾中心的指导教师走过来赞道。

"你还不知道这孩子多不懂事。爬到中间的时候，我还老担心他只会给队里添麻烦，好在平平安安爬到了山顶。其实爬到半山腰时我还有些后悔带他来了呢。"

指导教师边向其他孩子招手边接话道：

"从没和残疾儿童在一起待过的孩子第一次都会这样的，但是，一起爬山，一起感受艰辛，也就自然而然学会了关心他人。我认为，与其跟孩子说一百次，不如让他们亲身体验一次。"

信旭点点头,看着俊书。俊书也看了看爸爸,一边笑着一边攥紧了拳头。俊书在心里无声地大喊:

"加油!加油!加油!"

许多父母都担心孩子只考虑自己不关心他人,而孩子的问题其实还远不止这些。孩子们仍然更习惯于被他人照顾,因为他们还没学会关心他人、照顾他人、施舍他人。

找个机会和孩子一起进行志愿活动吧。也许你会发现令人吃惊的变化;那种变化就是从"我要得到他人的帮助"到"我要帮助他人"的变化。不仅是照顾残疾人,照顾流浪者和独居者也会让我们内心充满幸福感。大多数志愿服务者都曾有过这样的体悟:

"并不是我们给予了他们什么,而是他们给予了我们什么。"

他们给予我们的到底又是什么呢?科学家们说,这是"助人为乐时产生的荷尔蒙";神学家们说,这是"上帝的礼物";学校老师们说这是"志愿活动分数"。那么,就让我们和孩子来一起寻找一下这种东西吧!

"并不是我们给予了他们什么,

而是他们给予了我们什么。"

第十四件事
放轻松点，爸爸告诉你小孩儿是从哪里来的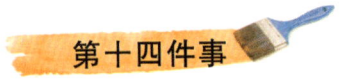

这天，静林不声不响地走进儿子房间，却被眼前的情景吓了一大跳——儿子振秀正在自慰。

"哎！老妈！不是说了让你进来时先敲门吗！"

"哦哦，知道了……"

静林感到自己的心脏怦怦直跳，脸一下子红起来。她像犯了什么罪一样满脸愧色。振秀现在已经上初一了，我该怎么做？我说些什么才好？且慢，成长心理学家具成爱是怎么说来着……静林好像知道该做些什么了。

晚上，静林将白天看到的情景讲给了下班回来的老公。老公民浩虽然有些吃惊，但他更担心的是儿子会不会因为不懂如何应对性冲动而伤了身体。他也非常苦闷，不知道该怎样开口才能避免让儿子难堪。就这么思来想去,不知不觉到了周末的早上。

民浩喊儿子振秀出去做锻炼。他将买好的篮球从车里取出来,递给了振秀。刚开始振秀只是一个劲儿嚷着退却,但当他看到篮球时还是眼睛一亮,立马点头站了出来。

在篮球架下,两人开始了一场父子大对决。起初振秀总是压着老爸遥遥领先,但渐渐地,他开始大喘粗气、疲惫不堪。爸爸很快追回比分,最后轻而易举地战胜了振秀。结束比赛后,父子两人坐在长椅上里大口大口喘着粗气。

民浩递给儿子一瓶矿泉水,问道:

"你正是意气风发的年纪,怎么这么没有力气呢?……难道说……你经常自慰?"

听了这话振秀把头摇得波浪鼓一般:

"哪有!我只一次……"

民浩轻轻摩挲着儿子的后背,意味深长地说道:

"儿子,其实从来不做才是奇怪的。到了你这个年龄,一般男孩子都会自慰的。爸爸上初中的时候,课间休息时都会跟班里的朋友轮流交换看黄色杂志,后来被老师发现了好一顿罚呢!你们也那样吧?"

"爸爸……这个……"

"没事的,你只知道这是一次自慰,但你还得明白,如果经常自慰对身体也是不健康的。所以爸爸有句话想对你说……"

民浩开始跟孩子谈起有关"性"的话题,振秀也从最初谈话时的不知所措变得不再脸红害羞,敞开了心扉与爸爸认真地沟通。他甚至还向爸爸提了几个问题:

"成人的东西……经常看是不是不太好?"

"如果你想看那些,等你成人之后就可以随心所欲地看了。你想想,如果让一个还没断奶的孩子吃炸牛排,那会发生什么情况?我们的嘴巴都需要有年龄段的限制,何况我们的眼睛呢?当然都是一样的。你们这个年龄,就要做你们应该做的事情。"

从这以后,振秀和爸爸的关系发生了一些变化:父子对话的时间越来越多,家里的气氛也改变了不少。对"性"的话题,父子之间不再遮遮掩掩,而这似乎也成了一件让振秀颇为骄傲的事情。

"妈妈,小孩是从哪儿来的呀?"

"为什么男孩子都有小鸡鸡,女孩子就没有呢?"

"小孩是怎么出生的啊?"

当孩子们开始进入幼儿园后,总爱给父母提出这样那样荒唐的问题。对于孩子好奇心十足的提问,父母们总是一脸正经地用"都知道了还问什么问"或是"等你长大后再告诉你"来搪塞。

现在,请大家认真回答一下这些问题。如果

父母避讳有关性的话题,孩子们感受到这一点后便不会再问些什么。但要知道,人类是一种一定要找到问题答案方肯善罢甘休的存在。对于从父母那里无法得到解决的关于性的疑惑,孩子们还会跟朋友一起去寻找答案,这样一来,他们便会去偷窥只有成人才该看的东西,去接触一些并不正确的信息。不知不觉,这些孩子的意识就在无形中被歪曲了。

不久前,在一份针对韩国大学生的调查报告中,对于"你是怎么接受性教育的"这一提问,90%的学生回答说是"自学"。这也就意味着,我们很难去详细了解性,我们也很难获得充分的性心理相关知识。

想让孩子对性有一种正确的认识,父母能够自然而然地与之进行攀谈是最好不过的了。首先,我们要与孩子共同交流他们所喜欢的文化、艺人、电视剧,培养我们与孩子的共鸣。想要让我们最爱的孩子对性有一种健康的认识,父母必须要鼓足勇气,必须要学习,学习,再学习。

第十五件事

什么是代沟？我们一起去看演唱会吧

"你天天到底在做什么？也不学习，老是盯着一张照片看来看去。"

仁善火冒三丈。因为女儿周允明天就要考试了，可她现在却正在往自己的笔筒上贴偶像男团SHINee的粘纸。

"妈，你真是的！我不是说了吗，弄完这个就学习！"

周允"哐啷"一声把门结结实实地关上了。

"你这坏孩子！你想挨打吗？"

无论妈妈怎么大声训斥都毫无效果。而正上小学4年级的周允因为妈妈也发了一通脾气，但当她听着歌看着SHINee照片的时候，一切不快就都被抛在脑后了。SHINee可以让她忘掉世界上的所有的痛苦与烦恼。周允曾经对妈妈这么说过：

"对我来说，SHINee是哥哥、是恋人、是英雄，所以请妈妈你不要阻拦我，这与妈妈去教会做祈祷是完全一样的。SHINee就是我的全部；特别特别是钟铉哥哥……"

不管怎么着，仁善都觉得女儿这样实在太过分了：房间用SHINee的大海报做壁纸，笔筒、本子、书架……都满满地贴着SHINee的照片。周允不但加入了SHINee的粉丝俱乐部，而且只要SHINee一出新专辑也必会在第一时间抢购到手，现在，她正想尽一切办法要得到SHINee的亲笔签名。

"那时我们不都是这样嘛。"

爸爸漫不经心地说。

"都怎么样了？真让人受不了，追一个组合追得死去活来。"

"当初新街边男孩来韩国开演唱会时你不也是这样的吗？"

仁善内心突然涌上一股暖流。新街边男孩……那曾经让自己魂牵梦萦的新街边男孩……自己上高中时还曾看过一次偶像的演唱会呢。再次听到这个名字，仁善仍旧是无法抑制的激动。

"他们……因为他们是上天赐予的……"

刹那间，她似乎回到了20年前新街边男孩开演唱会时的蚕室体育馆。她内心一阵悸动，眼前已有些模糊起来……

"Step by step~~Oh Baby~~"

这时，孩子的喊声透过脑海中的歌声传了过来：

"老妈，你在干什么？"

"没……没什么。"

"我说，跟孩子一起去看一场演唱会吧。周允喜欢什么肯定也有她的理由，对吧？"

"什么理由不理由？现在的歌手都好不到哪儿去。要我说，去看SHINee的演唱会，还不如去看7080的演唱会呢！"

三个月后，仁善和女儿来到了SHINee的演唱会上。对仁善而言，跟女儿一起去看这样的演唱会似乎有些丢人，但自己也是付钱以后并再三强调了"仅此一次"才陪女儿来的。

当红男团的演唱会对仁善来说是有些无聊。"不管怎样……嗓子喊到嘶哑的孩子们看上去可真够让人心寒的。咦，听了几首了？"

听到《姐姐真美丽》时，仁善感觉SHINee成员泰珉似乎正在深情地注视着自己。

"那小子为什么那么看我？难道是为我在唱吗？"

唱到《In my room》时，她那颗柔软的心开始渐渐湿润，而《最后的礼物》已让她眼眶变得红肿，最致命的，是接下来的《如果不是你就不行》：

在我心里

你比我要重要很多

回到当初

重新成为那个你爱的男人

不会再让你受到伤害

听到这时,仁善眼睛里噙满了泪花。"唱得太棒了",她的心脏在嗵嗵直跳,优美的旋律与节奏轻轻地拍打着她的身体。这一刻,仁善已经兴奋得一塌糊涂,仿佛重新回到了新街边男孩的年代。

"允儿,妈妈也要做 SHINee 的铁粉!"

"OK,老妈!我说嘛,哥哥们确实很帅哦……"

仁善似乎全然忘记了自己作为老婆、作为妈妈的这样一种身份。SHINee 组合给了她像这个名字一样闪亮的青春。

如今,如果除去 K-POP,我们和年轻一代还真没有什么话题可谈了。男生喜欢游戏,女生喜欢偶像,这就是我们与孩子沟通的密码。

为了在残酷的自然环境中生存下来,动物们要历经长久岁月的进化,而人类,正是动物进化最末端的创造物。父母要想与孩子进行沟通,也需要"进化"。

"妈妈我不懂电脑。"

"ipad 什么的,问老爸去。"

"我们小时候可没有这些东西。"

这样的回答有什么用呢?社会在迅速发展,

我们每时每刻都处在进化的过程中。为了适应社会，孩子们努力学习，同时，孩子们也会变成数码儿童，或者沉迷于游戏与偶像，这些都是进化的结果。

为了与孩子沟通，我们多多少少都要学习一下：我们要亲自尝试几次如何玩电脑游戏；要亲自到演唱会现场感受一下为什么K-POP如此流行；要熟悉一下网络世界是个什么样子。

哦，对了，你是不是只喜欢《C'estSiBon》这首歌呢？那么，融入孩子当中，唱一两首最近的流行歌曲怎么样？

第十六件事

我们做到了！自己奖励自己一次

亨宇跟妈妈智英来到了游戏机大卖场。一跨进大卖场，亨宇便立马朝游戏机陈列柜跑去，只见他扬扬得意地抓起WiiSportsResort 的 Wii 游戏机：

"妈妈，就是这个。"

听到儿子要买游戏机，智英点了点头。只见儿子抱着游戏机来到了收银台前，从自己的背包里取出钱来。大概因为这并不是一笔小数目，所以收银台职员颇为吃惊地看看智英，而一旁的智英只是不以为意地笑笑。

"今天是什么日子，收到了这么好的礼物？"

职员姐姐边给游戏机打包装边问亨宇。

"这可不是礼物，这是我自己奖励给自己的哦！"

亨宇骄傲地回答道。智英看看亨宇,掩饰不住脸上的自豪:

"不是说我给奖励吗?发生了什么好事儿吗?"

亨宇似乎一直在等妈妈问这句话,他马上大声回答说:

"我拿了科学竞赛第一名!"

每当发生特别的好事或者完成一定的目标,亨宇一家都会进行自我奖励。

上一次,在测试评价中,亨宇的平均分数提高到了95,于是亨宇奖励给自己10个小时的自由时间。那天,亨宇和班里的朋友一起去游乐园狠狠玩了个够,而剩下的两个小时呢?亨宇全部贡献给了电脑游戏。这与获得妈妈许可的玩耍可大不一样,因为这种自由是自己给自己的奖励,所以亨宇玩游戏时的心情也完全不同于以往。

"玩一个小时了,不过我还得快活快活!"

亨宇发现,玩游戏时只有全身心投入才更加有趣。

这之后的第二个月,爸爸开始向晋升考试发起挑战。如果爸爸升为科长,他会奖励给自己一部梦寐已久的越野车。而妈妈最近也得到了自己给自己的奖励——艾特罗挎包。

因为,"包包是女人的尊严"就是妈妈的至理名言。

无论奖励是什么,相信都没有人会讨厌。如果可能的话,奖品当然是越丰厚越好,但快乐的多少却不一定与奖励的多少完全成正比。因为，得到自己盼望的奖励或通过努力付出得到奖励要显得更有意义。

自己奖励自己，无疑是一种让自己感受双倍幸福的妙法：首先，可以告诉自己这是做了值得奖励的事情；其次，自我奖励的同时也起到了鼓励自己的作用。

世界大文豪海明威酷爱打猎。每写完一个星期的稿子，如果达到了目标字数，他就会进行自我奖励，这一奖励正是周末去外面打猎；如果没有完成目标，海明威会自动放弃周末打猎的享受，继续更加努力地赶稿。

我也会与孩子一起设定目标，同时会在达到目标时进行自我奖励。比如说，孩子们刻苦练琴演出合格和我埋头赶稿完成年计划，这就是我们的目标。去年夏天，我们俩双双完成目标后就进行了一次东京旅行，共同度过了一段梦幻般的时光。说起来，孩子的妈妈在这期间做了什么呢？

这家伙竟然口口声声地表示要在我们离开的4天5夜期间一顿饭也不做。

"要不是老公和孩子，我还有必要天天做饭吗？"

竟然有这的想法？看电影，睡大觉，晚餐时间点比萨、炸鸡和鲜啤酒……对老婆来说，这几天的自由时间也算是无可替代的奖励吧？

第十七件事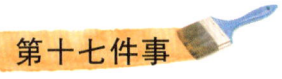

人生的必修一课,我们一起来写遗书

上小学4年级的美娜放学回到家,恩静拿出点心,和她说道:

"吃完就进屋做作业去吧!别再像昨天一样玩到深夜了。"

话音刚落,美娜好像突然记起什么似的,从书包里取出一个寄给家长的信封:

"妈,今天我们的作业是'写一封遗书'。老师给我们一封信件,让家长跟我们一起做。"

美娜这句话把妈妈吓了一跳,因为她简直不敢相信会从刚迈入小学高年级的年幼女儿口中听到"遗书"二字。写遗书便会让人想到死亡,而死亡是谁也不愿去想的事情。恩静有些恼火,脸色也变得难看起来。

"老师到底为什么要布置这样的作业?"

这样想着,恩静打开老师的信件细细读起来。

致家长:

  本次作业是"写一封遗书"。听到作业课题,诸位家长一定会非常吃惊不知所措吧?其实我也深有同感。

  但是,通过"写遗书"这一题目,我们可以达到很好的教育效果。其中最为重要的一点,就是发现自己对他人的爱。我希望,通过与家长一起写遗书,孩子们可以认真地回顾一下自己与家人在一起的时光。

原来是这样啊。读完信件,恩静心头的种种不快一扫而光。这时一直在悄悄观察妈妈神色的美娜开口了:

"可是,妈,遗书该怎么写呢?"

"你们老师不是说了吗,遗书并不需要固定的格式。想一下'如果我去世了有什么话想留给家人朋友',然后照你所想开始动笔就可以了吧?"

"是吗?"

美娜坐在书桌旁,取出了一张纸和一支笔。

"如果有一天我去世了……"

恩静轻轻地从座位上站起身来,因为她觉得把这一刻留给美娜一个人也许更好。然而当恩静回到女儿身边时,却突然发现美娜在嘤嘤地哭泣。

"美娜,怎么了?"

"呜呜呜……对不起妈妈……昨天我冲妈妈直喊'真讨厌'……"

"没关系啦,上辅导班确实很辛苦,这些妈妈都理解。其实,妈妈都已经忘了呢。"

"一想到死亡,最先浮上我心头的就是对妈妈做过的错事。如果连句抱歉的话都没能说就这样走了,我会特别特别伤心……"

妈妈一下子将美娜搂进了怀里。今晚,我也要写一封遗书。

"收到家人的死亡宣言,我们一定会为自己对家人做过的错事感到非常后悔。如果能早点有这种想法,我们可能就不会对亲人说那种伤人的话,可能就会加倍珍惜一去不返的时间……"

——摘自《人生课堂》

几年前,临终关怀活动的先驱伊丽莎白·库伯勒·罗斯与她的弟子大卫·凯斯勒写下的这本《人生课堂》一时独占畅销书榜首。《人生课堂》中记录了许多对濒死者的采访,同时整理出了人生中必学的内容。

不少家长说,写遗书这一题目似乎让孩子的想法一下子成熟了许多。认真回顾过去的自己,想想现在身边的家人朋友,然后思考一下将来自己该做的事情;在这一过程中,孩子也在慢慢地成长。

"如果有一天我去世了……"

每当这一想法涌上心头,我们便会因再也见不到亲爱的人而无比难过,而之后就会进行反省:有的孩子会写下对妈妈做的错事,求得妈妈的原谅;有的孩子会后悔对朋友说过谎话。

不管怎样,遗书可以让孩子表达真实的内心所想,这就已经足够了。当孩子意识到今天这一刻,意识到对家人的珍惜时,就是一种成长。

读了孩子的遗书,我们也来写一封遗书怎么样?

第十八件事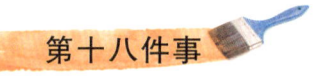

准备好了吗？今天我们去参观博物馆

"爸爸，考古学是什么呀？"

真胜看着电视问道。

"考古学？考古学就是……"

泰荣合上书，陷入了沉思：该怎么向孩子解释考古学呢……有了！泰荣脑海中浮现出一个好主意。

"去你房间里把垃圾桶拿来。"

"垃圾桶？"

儿子不明所以地走进房间，提出了垃圾桶。泰荣在地板上铺下一张报纸，然后将垃圾桶里的东西从最上层开始一点点往外掏。

"爸爸，你在干什么呢？"

"嘘——爸爸现在在挖掘古物。"

"什么？"

垃圾桶被翻了个底朝天，泰荣仔细端详了一番，然后转向真胜：

"OK了。来，我们看一下。爸爸最先掏出来的是橡皮渣。之前你一定刚刚解完习题集！"

"啊，你怎么知道的？"

"因为第二个是铅笔屑，看来为解题你削了铅笔。然后呢，是两只酸奶瓶，一个小时前你老妈一定这样喊着'喂！真胜，吃点儿点心啦！'然后递给了你两瓶酸奶。再然后，是带些血的纸巾，昨天下午，你因为太累流鼻血了。流鼻血之前……呃，你正在画画。"

"哇，这老爸又是怎么知道的？"

"你看，沾血的纸巾下面是颜料管呢。"

"哇塞，老爸好厉害呀！"

真胜惊诧地连连拍手掌。

"可是，爸爸，我现在还是很好奇考古学到底是什么？这跟翻垃圾桶真的有关系吗？"

"当然了，你看，翻完垃圾桶，昨天你做了些什么老爸就统统知道了。考古学就好比我们在翻过去的人的垃圾桶。"

"原来是这样啊！"

好像明白了老爸的意思，真胜用力点了点头。

"真胜。"

"嗯？"

"这个周末咱们去博物馆吧？听说有古埃及遗址展览呢。"

"真的吗？那就是说，我们要去探寻上千年前埃及人扔下的垃圾喽？"

父子俩开怀大笑起来。

30年前，当我们这一代还是学生的时候，博物馆是一种在建国日等特别日子里才能去参观的地方。我们必须在学校老师的带领下组成团队前去参观，所以可以说，那时候的博物馆是个难得一去的地方。或许正因为这样，我并没有感到博物馆有多亲切，在我心中它只是一个无趣而乏味的所在。

那时候的博物馆并不像今天这样一应俱全；它的种类非常有限，而家长与孩子手牵手参观博物馆的情景自然也是格外少见。

如今，上至国立中央博物馆、国立民俗博物馆等大型博物馆，下至陶器民俗博物馆、铁道博物馆、泡菜博物馆、照明博物馆等专门博物馆，花样之多简直令人应接不暇。今天的博物馆不再只是陈列文物的场所，人们在这里同时还能欣赏到别有意趣的景致。

就这一点来讲，可以说我们的孩子正生活在

一个有足够机会可以充分了解世界的大环境当中。

说到参观博物馆,我建议大家最好事先做好准备,不要漫无目的地前行。要选好打算与孩子一起参观的博物馆,并事先收集好相关信息。如果预习后再去参观,孩子们在观察时会更加积极,在接受事物时也会更加主动。总之,这就是可以让孩子切身感受到的学习现场。

请诸位经常陪孩子去参观一下博物馆吧。历经过往岁月的各种遗物会告诉我们的孩子以及身为家长的我们:

"我被埋在尘埃之中经历了千百年的历史。人生何其短暂,忍耐一下吧,艰辛只是暂时的,这一刻终会成为过去。"

第十九件事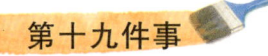

一起寻找回忆，去到小时候生活过的地方

这一天，敏智起得比往常都早。平时每到周末，敏智爬起来就往电视旁边凑，可今天却大不一样——没等妈妈喊，敏智便坐到了饭桌旁，三下五除二吃光了碗里的米饭。漱漱口，洗洗脸，然后从衣柜里挑出件衣服换上，抑制不住的笑容悄悄浮上了敏智的脸庞。

爸爸看看女儿问道：

"敏智，你想先去哪儿呢？"

"幼儿园，还有山泉那儿。"

从敏智的回答里，爸爸感受到了女儿内心抑制不住的兴奋。看到女儿久违的明朗笑容，爸爸的心情别提有多好了。

从一上初中开始，敏智就总是愁眉不展。每次问她发生

了什么,敏智都会撂下一句"没什么"然后"啪"地将房门狠狠摔上。虽然爸妈对此有些担心,但一想到女儿正处在青春期也就没再问下去。可是有一天,妈妈无意中偷听到了女儿跟别人的通话内容这才知道,原来敏智之所以这样难过都因为新朋友的问题。

因为爸爸调换工作,敏智一家搬到了陌生的小区,而这里的中学生敏智一个都不认识。结交新朋友对敏智来说并非易事;虽说不上被排斥,但的确是不怎么合群。

了解情况后,妈妈爸爸陷入了苦闷:到底该怎么帮敏智才好呢?

"我也有过那样的时候——虽然身边有许许多多人,但我总觉得这个世界上好像就我一个人一样……那时我是怎么做的呢?没错,就是这样。"

每当遇到让自己难过的事,敏智爸爸容枃就会回一趟故乡的村庄。在那里跟小时的玩伴说说心里话,所有的苦恼就都烟消云散了。当然有时可能遇不到小玩伴们,不过那样也好,闭上眼睛躺在故乡的蓝天白云下,烦忧也会顷刻间消失。每到此时,容枃便会觉得其实根本不存在什么苦恼烦忧——"这有什么,大不了再来一次。"容枃会再次这样下决心。故乡就好像是妈妈温暖的怀抱,哪怕只是踏上这寸土地也会是一种莫大的安慰。

与敏智的妈妈商议一番后,容枃决定带小敏智去她小时候玩耍的地方看看。他认为,看一看这些地方一定也会有助于消除孩子内心的烦恼。容构将车停在了敏智小时候的幼儿园门前,教学楼门紧锁着,不过那个小小的院子还是可以进去的。

"妈妈!看,看那个滑梯!"

"哇,好小好小啊!当时我怎么能爬上去玩的呢?"

"就是这样嘛。"

敏智简直无法相信,这些小小的游乐设施是自己曾经的快乐小天地。轻轻抚摩着它们,敏智在不经意间回忆起了自己的小时候。一家三口人坐在长椅上,话匣子就这么打开了:

一年级第一次遇到的泰景、惠允和民涉;二年级玩警察抓小偷时都忘记了时间;三年级时总是形影不离的好姐妹根英……

中午吃完紫菜包饭,敏智一家又爬上了小学后面的小山坡。看到山泉,敏智发出了由衷的感叹。她回头问妈妈:

"妈妈!还记得这里吗?那时我们经常和汉阳姨母来这里呢。"

住在这里的时候,敏智妈妈还在公司上班,所以不得不将女儿托给住在汉阳公寓的姨母照看。"汉阳姨母"一直悉心照料着敏智直到她踏入小学校门。那段时间里,姨母还经常带小敏智来山泉这里玩。

"记得呀,那时候金达莱开满了山坡……"

妈妈也回忆起了第一次爬小山坡的经历。那个对淙淙溪水好奇心十足的小不点儿转眼间竟然变成了亭亭玉立的少女,那个总是跟在妈妈身后小声哼唱着童谣的小姑娘啊,如今也会生出这样那样的烦恼。不知不觉间,妈妈的眼睛湿润了。岁月如梭,又怎能不让人感伤?

在回家的路上,坐在车里的妈妈问敏智:

"孩子,今天来这里开心吗?"

敏智高兴地笑着,使劲儿点点头:

"很开心!我想到了很多过去的事。在中学交新朋友并不容易,所以我经常会怀念过去的老朋友。今天来到这里我才意识,其实小学时我也是在不断结交新朋友的,哈哈,我白苦恼了那么些日子。"

不知是不是因为心情骤然变好了,敏智哼唱起了小曲儿。看到女儿欢快的模样,爸爸妈妈心想:终于不用再为女儿担心了。

见到小时的玩伴,分享过去的快乐,这时我们的脸上一定会挂着无比幸福的微笑。工作问题、儿女问题、经济苦恼……我们可以互相倾诉个够。即使曾经的日子再艰难辛苦,我们回忆起小时候也永远是开心更多,快乐更多。因为,小时候的我们都有一颗无忧无虑纯真的心。

小时候,和好朋友玩着玩着就会因为丁点儿小事闹别扭,但很快又会像什么都没发生过一样重归于好。或许已经记不清为什么会难过、为什么会吵架,但留在我们心中的却永远是幸福与快乐。每当回忆起小时候,我们便似乎寻找到了内心的安宁。那段回忆,那段年华,就是我们心灵的栖息地。

孩子也是一样。有时候,去孩子们曾经生活的地方看一看,对他们而言也许会成为一种别样的经历。如今的孩子们不是也像大人一样的孤单而疲倦吗?他们也需要偶尔地放下,享受生活的闲暇。说不定我们的孩子就是这么想的:

"每当内心疲倦时,回一趟故乡该多好。"

第二十件事

今天我们来读一读伟人传记

  这天,孝信的妻子拿回家一套伟人传记。这套书是她去姐姐家时,侄子说用不着所以拿回来的。看到这套全新的伟人传记,孩子们似乎并不怎么开心,因为,显然妈妈这次又要逼他们阅读了。

  可过了几天,妈妈都没有提什么阅读伟人传记的事。这让孩子们颇感庆幸,但同时他们也有些小小的不安;此时的他们,就像没受到惩罚反而被逼着睡觉的新兵一样。

  孝信也非常好奇妻子此刻正在想些什么。又过了几天,妻子把全套伟人传记都取了出来,并把孩子们叫了过来。发现气氛与往常有些不同,孩子们一声不响地坐到了老妈身边。

"孩子们,来,和我一起整理伟人们的生活。"

听了妈妈的话,大伙都有些不知所措。难道不是让我们阅读伟人传记吗?那又是怎么个整理法呢?这与阅读伟人传记又有什么不同?

妈妈慢慢开始解释起来:

"大家不要把这想得太难了。我们一起来找一找在伟人们看来一生中最有价值的东西,找到这些之后,是不是就很快能够理解伟人的生活了?这是你们的大姨教给我的方法,大姨家里的人都说伟人传记阅读起来是非常有趣的。其实妈妈也算是第一次看,我们一起来怎么样?"

妈妈让孩子们挑选出自己喜欢的伟人。儿子首选的就是李舜臣将军。

"在壬辰倭乱中,朝鲜差点儿战败,正是李舜臣将军击退众多倭军拯救了国家。"

女儿选择的则是奥普拉·温弗瑞。

"我非常喜欢她在脱口秀中认真倾听他人故事的这种品质。在逆境中从不退缩,最终获得了成功,我很想知道其中的秘诀是什么。"

孩子们决定与妈妈交换阅读,并且在阅读的过程中寻找自己选择的伟人心目中最重要的东西。

几天后,孝信问儿子阅读进展如何。儿子回答说,这次与从前囫囵吞枣地粗略涉猎的感觉完全不同;过去他总是马马虎虎地阅读,而现在,因为带着一个目标,所以他读得更加用功更加细致。

读完《李舜臣传》后,妈妈问儿子:

"你认为在李舜臣将军心中最重要的东西是什么?"

儿子犹豫了一会儿,谨慎地回答说:

"也许……是责任心吧?"

"没错,妈妈认为最能代表李舜臣将军的就是他的品德。三次谴谪,两次从军,历经各种艰辛的李舜臣将军不惜牺牲自己的生命为祖国换来了壬辰倭乱的胜利。没有责任心的人是很难做到这一点的。"

"对对,当君王和最高权力者们全都放弃的时候,李舜臣将军却能坚持完成自己的任务,这相当不容易啊!"

"这次读《李舜臣将军》,妈妈又多了一些另外的想法。"

"什么想法?"

儿子认真地问道。

"呃,妈妈再次思考了一下我们以前以朝鲜的立场为出发点看过的壬辰倭乱。当然,滥用武力侵犯他国是一种错误行为,但妈妈也非常好奇发起这场的战争的日本当时又是怎样一种情形。妈妈想借这次机会开拓眼界,增加对世界史的了解与认识。"

起初,儿子选择李舜臣的时候,孝信还有一点点失望。但是因为是妻子的要求,所以孝信也无话可说,不过这本李舜臣传记也的确太简单了些,而妻子倒是没有露出半点失望的神色。后来,孝信跟孩子们认真地进行了一次交谈。

妻子一点点整理着伟人传记的故事，并与儿子共同分享。安重根义士、施韦泽博士、居里夫人……从孩子们所熟悉的这些伟人一步步开始，孩子们不再像从前那样认为伟人传记无聊透顶，相反，他们突然觉得原来与妈妈一起阅读伟人传记也是件非常有趣的事情。

当孩子们将全套伟人传记阅读完毕后，孝信也悄悄打开了李舜臣传记。此时他也正在思考：

"李舜臣将军心目中最重要的东西是什么呢？"

伟人传记无疑是孩子们小时候的必读书目之一，不过，伟人传记也是孩子们最讨厌一种书籍。伟人传记主要是成套售卖的，因此一旦要买，就要30卷、40卷、100卷这样全套买下来。全套书籍中的伟人故事大都千篇一律，而书籍中所要传达的道理也如出一辙，所以孩子们喊无聊自然也是情理之中的事了。

父母和老师总是强迫让孩子读伟人传记，写读后感。也许正是因为这一点，孩子们对伟人传记的抗拒才远远大于对它们的兴趣，有的孩子甚至因此而开始害怕读书。这样下去，孩子们的读书生涯也许就走到了尽头。人生不再读书，又何谈参与竞争。小学时期不读书就等于输在了竞争的起跑线上，之后再想在竞争社会中前进可就是难上加难了。说得极端些,不读书的孩子在长大成人后也只能是落在他人屁股后面。

让孩子了解伟人生活十分必要。孩子们也非常清楚阅读伟人传的重要性,

但是,如果父母只是一味给孩子买书,那最后的结果也不过只是书架上摆满了传记而已。身为父母,我们应该做的是想方设法让孩子喜欢上阅读伟人传记。

让孩子读书的最好方法便是父母参与其中与孩子一起阅读,除此之外别无他法。如果父母先读一读单行本《难中日记》,让孩子们了解了历史背景,也许他们就会对李舜臣传记兴趣大增。

父母的职责,很重吧?

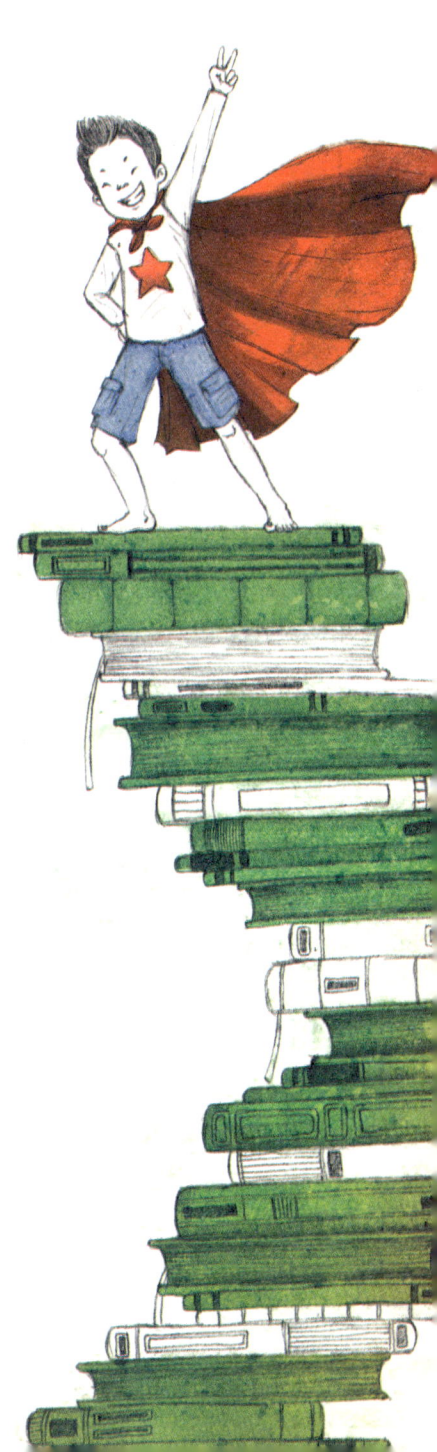

第二十一件事

你真棒！我们一起来数一数你的优点

　　平安夜，一家人团团围在饭桌旁，大家都拿出了早已准备好的礼物；致善与致恩准备的礼物是用平常攒的零花钱买的一支送给妈妈的唇膏和一块送给爸爸的手表，而爸爸妈妈也各自挑选了两个孩子平时特别想要的东西。

　　每到平安夜，致善一家都会为彼此准备礼物。从致善、致恩第一次领到零花钱时开始，爸爸妈妈便教育孩子要学会为别人准备东西；即使是微不足道的东西也可以。

　　这次平安夜，大家决定按照妈妈的提议再准备一份额外的礼物，那就是找一找彼此的优点。不过在思考彼此的优点时，孩子们仍然无法正确区分彼此身上哪一点是自己喜欢的"优点"，哪一点是他们真正的优点。

"这个嘛……绝不是只要自己喜欢就可以了,还得要我们其他所有人都喜欢才行。"

"这有什么区别吗?"

"当然有。比如说,妈妈擅长做饭就是一个优点,但是致善喜欢妈妈买可乐就不能算是一个优点了,因为经常喝可乐会损坏牙齿。"

过了几天,致善依旧是一脸迷茫地问爸爸:

"爸爸,我原以为寻找家人的优点是轻而易举的,却没想到要比想象得难呀。"

"从哪里可以看出来呢?"

致恩正要开口,致善给她使了个眼色,然后接着说道:

"……每当找到他人的优点时,脑海中马上便会想到要区分这是不是真正的优点。比方说,我刚刚想夸'爸爸总是认真聆听我们的意见',但马上便又想到爸爸似乎更愿意听妈妈的观点;我刚刚想夸'妈妈做的点心真好吃',但马上便又想到有时妈妈不遵守我们的约定;我刚刚想夸'致恩可爱又懂事',但马上便又想到她弄坏了一个我钟爱的布娃娃。这样下去,到底什么才可以算是优点呢……"

致善看上去显得格外认真。

"妈妈想要让我们找一找彼此的优点,是因为妈妈认为这样做可以让我们知道自己有多么深爱着彼此。有时候,我们之所以能称之为一家人,正是因为我们做过的那些值得夸赞的事情。所以我们需要寻找别人的优点,也更不能因为表面的缺点而忽略了内在的优点。"

思来想去,致善一家再一次仔细审视了一下彼此。到了平安夜,大家纷纷向彼此讲出了深埋已久的看法。

"妈妈再多多称赞一下我们吧。"

"爸爸上班虽然很忙,但也抽点时间和我们多玩一玩吧。"

"致善要多多地读书,好好地照顾弟弟。"

"致恩不要总将和姐姐吵的架记在心里。"

致善一家明白了一个道理:说出彼此的优点,比金钱和礼物更有价值。

关系越亲近,似乎能看到的优点就会越多,可事实上很多时候情况都是截然相反的。家人之间无需隐藏与修饰,所以缺点也很容易一眼就被看到。因为爱孩子,父母往往会忽视孩子的缺点,不过冷静下来仔细想一想,孩子确实是有许多地方都没有达到自己的要求。

孩子在外面时常常会因自身的缺点被人指责,所以,在家的时候,我们要尽可能地告诉孩子他们的优点,当然,如果能称赞一下他们的优点那是最好不过的了。如果急于让孩子改正缺点,也许反倒会给孩子带来伤害。但是,如果能首先告诉孩子他们的优点,也许他们就会主动克服缺点,变得更加自信。

　　让孩子先知道自己的优点吧。能够看到自己优点的孩子在看到他人的缺点时,也会积极地鼓励这些人。我认为人人都有缺点,只有拥有优点,才能克服缺点。记住,世上没有人十全十美,也没有人一无是处。

第二十二件事

我们一起学习吧,外语其实并不难

对武镇来说,世界上最令人讨厌的事情莫过于学习英语。虽然过去三年武镇一直在辅导班接受英语辅导,但他的英语能力并没有多大提升。为了儿子的英语学习,世花从儿子很小的时候起就让他听各种CD,给他买各种英语图画书,不过这一切丝毫不见效,因为武镇对英语实在提不起兴趣。

"武镇,从今天开始,妈妈和你一起学习英语怎么样?"

武镇以一副难以置信的神情看着妈妈:

"妈妈怎么突然要学英语了?"

"其实妈妈上学的时候也是非常讨厌英语的。强迫自己学习自己讨厌的东西当然毫无趣味,再加上毕业后又一点儿也没用到,所以妈妈把学的东西忘了个一干二净。但最近我通过看书发现,英语这东西其实还是蛮有意思的嘛。于是妈妈想重新开始学习英语。我一个人学会一头雾水,所以妈妈想和你一起学,让你在学习过程中也帮一把妈妈,怎么样?"

妈妈的话虽然让武镇颇感意外,但他却无法拒绝妈妈。从那天起,武镇和妈妈就开始共同英语学习;两人一起看武镇的学习用书,武镇给妈妈讲解课程,为妈妈矫正发音,不知不觉地,复习就成了武镇的必做之事。在给妈妈进行各种说明讲解时,武镇的英语水平在不经意间得到了提高,英语发音也在渐渐变好。正是帮助妈妈英语学习的这份责任心让武镇经常会多看一遍课本。

世花似乎也一直在等着与武镇一起学习这一刻的到来。武镇还会经常纠正老妈没有背好的地方。在别人跟前,没准儿会畏畏缩缩怕丢人,但在孩子跟前,即使出了错也可以毫无顾忌地说出口:

"儿子,这个搞错了吧?"

"妈,不要单个单词地死记硬背,要在句子里背单词才更有效果。"

看到总被自己当成小孩子的武镇如此认真地担当起老师的角色,世花感到十分满足。

此后两人开始在日常生活中用英语进行简单的会话,用英语互发手机短信。如果仅靠世花单方面说教是绝不会出现这样的效果的。在两人共同学习的过程中,武镇的英语实力真的得到了不小的提升。而最重要的是,武镇已经变得对英语充满了兴趣,不是吗?他已经不再是学习英语的学生,而摇身一变成了教授英语的老师了。

外语不经常使用就会被忘得一干二净。所以比起如今刚起步的孩子,大人们更是把英语忘得一塌糊涂。多听听孩子们的发音吧!他们的发音与我们那个时代已经完全不同;他们的发音会更接近以英语为母语的人。

也许在阅读能力上父母更出色,但在会话水平上孩子绝对是更胜一筹的。在我们生活的那个年代,英语学习主要是以学习语法为主,不像现在的孩子这样讲究口语。而语言终究是一种沟通手段,所以如果会话能力强的孩子与语法水平高的父母共同学习,就可以弥彼此的不足,取得更好的学习效果。

并不是说使用好教材、跟着外教一起学习,孩子们的英语能力就可以突飞猛进,培养他们对英语的自信与兴趣才是重中之重。如果父母与孩子一起学习英语,孩子就会在不经意间将英语当成自己的日常生活的一部分。

当然,在与孩子一起学习外语之前,没有必要要求父母本身英语有多好。我们要配合孩子,与孩子共同前进。因为给孩子创造一个带着兴趣学外语的环境是如此重要,所以在这一过程中,父母要做的不仅仅是监督他们,更应该成为他们的教练、导师。能成为一起并肩作战的队友是再好不过的,不过,大家可能会因此而累得上气不接下气哟!

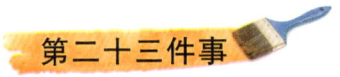

第二十三件事

最喜欢你做诗朗诵,自信又勇敢的孩子

九月到了

九月到了
你
漫步九月的江边
听到了江水阵阵呼啸

善美在给儿子仁浩打扫房间的时候,看到了儿子书桌上贴着的这张写有诗句的纸条;这是安度眩的作品。儿子已经在不知不觉中长大了,这令善美感到无比欣慰。不过,善美马上又冒出另外一个念头:难不成儿子交了女朋友?当仁浩放

学回来后,善美抓住儿子问道:

"仁浩,你什么时候开始喜欢安度眩的诗的?"

仁浩像个傻瓜一样表情茫然:

"安度眩?安度眩是谁?"

儿子的反问让善美哭笑不得。她拉着儿子的胳膊坐到书桌旁,指了指上面贴的纸条。

"原来写这首诗的人就叫安度眩啊,我还以为你说的是谁呢……"

"你连诗人的名字都不知道怎么还把它贴在自己桌子上呢?"

"其实是这样的……我跟一帮朋友闹着玩被老师发现了,作为惩罚,老师让我们背诗。哎呦,背诗真不简单,还不如挨几下揍呢!"

知道事情的原委后,善美有些生气了;自己的期待瞬间就破灭了。可她转念一想,看来孩子的班主任仁浩也是个不错的老师——居然将背诗作为一种处罚方式。善美并没有责备儿子因与朋友嬉耍而受罚,而是语气温和地对儿子说:

"那妈妈帮帮你,让你再挑战一次背诗吧。"

"要怎么帮?"

"不要一味死记硬背,应该仔细地体会一下诗中的内容。"

"啥?"

"看这里——九月的江边。当你读到这句话时,你要将自己置身于和畅秋日下的江边。"

"嗯……"

"下一句,江水阵阵的呼啸……"

起初,仁浩并不十分明白老妈的意思,但慢慢地,他似乎理解了。妈妈在短时间内就背诵下来了整首诗,仁浩被惊得目瞪口呆。

"妈妈脑袋比你的要迟钝百倍,你看这样的诗妈妈都能背下来,你一定也很容易就能记住。首先,脑海中要浮现出诗中的画面……"

仁浩按善美说的背了几遍,一句话似乎瞬间就印在了他的大脑中,然后是下一句,下一句,再下一句……仁浩这才意识到原来背诵诗歌并不困难。

"看,很简单吧。这次再慢慢地朗诵,把你记不住的地方再看一遍。"

在闭上眼睛慢慢朗诵的时候,仁浩心中突然感到一种无以言说的美妙。

"妈,空间好像在移动哎。"

"这就说明你已经进入了诗的特殊世界里。你越是深入地去感受那个世界,你的心灵就会变得越美丽。以后继续选一些优秀诗歌跟老妈一起背诵怎么样?"

总是摇头说 NO 的仁浩这次却用力点了点头。在这一瞬间,善美似乎看到诗歌美丽的翅膀正在轻轻抚摩着儿子的心灵。

诗歌表现了生活中的快乐与悲伤、幸福与不幸、希望与绝望，而诗朗诵可以通过多样的语言与情感让这些心理状态得到进一步升华。能通过诗朗诵传递感情的不仅是大脑，还有颈、腹、手、胸等各个身体部位。

现在孩子们读诗的机会并不多，因为他们总认为诗歌是一样很难的东西。从小学开始学习童诗，到中学入学考试强迫记忆诗歌，我们的父母接触诗歌已经十年有余，但背诵过诸多诗歌的他们同样也认为诗歌是非常难学的。究其原因，是标准化的教育方式在作祟。没有吟诵诗歌的上佳方法，只是一味地死记硬背，我们当然也就很难去顺畅地"消化"诗歌了。

那么最好的方法又是什么呢？那就是感受。一篇优美的诗歌中浸润着宇宙的韵律，这种奇特的韵律可以打动人们内心。保留着太初般纯粹心灵的孩子们会更容易接受这样的诗歌。而从小接触诗歌的孩子，胸襟也一定无比宽大。为什么？因为他们接受了宇宙的韵律。

确认彼此爱的语言,会成为一种永难忘却的美好回忆。

第二十四件事

孩子,跟爸爸一起变身超级大厨吧

一到周四下午,爷爷就会忙得不可开交——干干净净地剪完指甲,戴上到耳根的头巾,下午一出门大半天才会回来。而且不知从哪一天开始,电视烹饪也成了爷爷的必看节目。有时候,他还会去厨房,给准备做饭的奶奶和妈妈提这样那样的建议。咦,爷爷有些奇怪呀!这天,镇硕实在忍不住好奇,向爷爷问道:

"我看爷爷最近好像有点儿奇怪耶。"

"嗯?我怎么了?"

"你最近好像老爱钻厨房……我们都知道了啊。"

爷爷脸上的神色立马变得慌张起来:

"什么?那你奶奶和妈妈也知道了爷爷现在正在听烹饪

课的事？"

"啊,烹饪课？爷爷正在上烹饪课？"

"哎呀,爷爷又上你们四个的当了。唉,还是说了吧。爷爷已经在区政府旁一个烹饪教室听过两堂烹饪课啦。"

爷爷还说,他已经学会了做意大利面和拌海螺,现在正在学习做色拉。

"哇,好了不起!可是,可是爷爷怎么突然想起要上烹饪课了呢？"

"这个嘛……白色情人节马上不就到了吗,我想给你奶奶和妈妈准备一顿美味大餐。你奶奶照顾你们特别不容易,你妈妈又上班又做家务也格外辛苦,所以我这次想给她们准备份惊喜的礼物。这可是个秘密哟！"

镇硕点了点头。

情人节前夕的星期天,镇硕一家的三个男人从大早上就开始忙个不停了。奶奶和妈妈完全不知所以,只是愣愣地看着。

镇硕和爸爸仔细地一遍遍看写着烹饪方法的纸条,等候指示,而爷爷无疑就是首席料理师。

"把青椒和洋葱切圆点儿,意大利面沙司家里有了就别买了,用点儿这个做比萨沙司。"

"煮面要水沸腾几次再捞起来？"

"沸腾两次,放点儿凉水,再沸腾起来时就可以捞了。"

"罐头里的海螺汤扔掉吧？"

"不行！放进半杯海螺汤会更出味道。"

腰系围裙、肩搭手巾的镇硕和爸爸第一次下厨房还真是有些生疏,没多久便累得大汗淋漓,但看到一样一样做好的饭菜,两人心里别提多满足了。当全家人坐在饭桌旁时,爷爷开口了：

"老伴儿,还有镇硕他妈,这是咱们家三个男人做的饭菜,当然肯定比不上你们做得好,不过这也是我们的一片心意,你们品尝品尝吧。"

奶奶的脸上立刻绽开了灿烂的笑容：

"看你老是跑进厨房唠唠叨叨的,你从什么时候开始有这想法的？"

"孩子他爸,这样的白色情人节礼物我还是第一次收到呢！真好吃！"

今天,镇硕从爷爷那里明白了一个道理,那就是：要想俘获女人的芳心,没有什么是能赶得上美味食物的。

现在大多数家庭都只有一个或两个孩子,所以父母常常将孩子视如掌上明珠般呵护;辛苦的活儿不让做,做错了事也不责备。这些孩子在撒娇中长大,甚至还有许多人连家务都不会,会做饭的孩子则更是少之又少。

为自己所爱的人做一次饭吧!做饭是妈妈的幸福,也是妈妈的辛苦。让爸爸和孩子也分享一下这种幸福的辛苦怎么样?

第二十五件事

为孩子养个宠物,给孩子加点责任心

最近,因为老公和儿子泰日的关系,惠秀陷入了苦恼当中;如今刚刚进入青春期的儿子总是自作主张,父子俩之间的隔阂越来越大。即使是住在同一个家里,两人也基本不怎么交谈。如果碰到一块儿,爸爸就会因为儿子长时间沉迷电脑游戏开始大训特训,每到这时,儿子就会大发脾气。有时候,惠秀甚至觉得只要老公一在家,家里就不能安宁。

苦恼之余,惠秀决定买一只小宠物。原因是她在一本书中看到了这样一段文字,内容是说让闹情绪的孩子养宠物有助于他们保持内心的安静。

听了妈妈打算养狗的决定,泰日和爸爸既高兴又吃惊。因为泰日曾经就养狗这件事万般央求过妈妈,但每次妈妈总是回绝说家里不能养狗。

"真的吗？真的可以养小狗吗？"

"泰日，养宠物狗和买玩具狗是完全不同的。玩具狗玩着玩着不稀罕了可以扔掉，但有生命的宠物狗却不能那样。你可要慎重考虑一下，别等到时候买来了又后悔，那时后悔也没用啦。"

"我慎重考虑，我想要！"

"你这小子……这也算慎重考虑？刚开始觉得喜欢，所以要养它，可是往后你就知道了，你得给它们清理大小便，给它们按时喂饭，如果反反复复做这些事你就会觉得厌烦的。所以要想养宠物，你就得有一颗负责到底的责任心。你能做到吗？"

"我有自信！"

泰日刚说完，爸爸插话了：

"我也有信心给狗清理好粪便，我小时候家里也养过很多狗呢。"

太好了！惠秀一阵说不出的开心。因为在谈恋爱的时候，老公就经常讲一些他小时候养狗的故事，所以惠秀推测，老公一定不会反对养狗。

周末，惠秀一家来到了抱川的流浪狗收容所。几周后正是照料狗狗志愿活动，他们忙着给狗狗洗澡、剪毛、打扫卫生，此外还加入了宠物社区，学习养狗的相关知识。一个月后，惠秀一家领养到了一只褐色小狮子狗——泰利。

自从泰利来到家里以后,爸爸和泰日的关系慢慢发生了变化;两个人之间的对话越来越多。爸爸经常传授给泰日一些自己小时候的养狗经验,而这时他也意识到,自己其实也曾有过一段与儿子一样的青春叛逆期。爸爸不再像从前一样总是大声呵斥儿子,恰恰相反,如今他更多地是站在儿子的立场上进行思考。泰日与爸爸待在一起的时间逐渐多了起来,而且在一起时父子之间也不再总是剑拔弩张了。

"训练狗狗排便时应该注意什么呢?"

"出一两次错没关系,但绝对不要大声叱责它。"

"对对对,泰利是流浪狗,不喜欢被人大声呵斥。"

听到儿子这句话,爸爸拉着儿子走到了小房间里:

"泰日,不要总是在泰利面前提'流浪狗'、'流浪狗'的,泰利听到了会难过的。"

"对!还是我懂得太少啦。泰利可是我们家老小。"

"没错,我们家老小。所以给它起名字叫泰利——你叫泰日,它叫泰利嘛。"

"哈哈哈哈!"

养宠物对于减缓人际关系中的压力、稳定人们的情绪有着巨大的帮助。尤其在叛逆的青春期,抚养宠物有助于改善父母子女间的关系。因为抚养宠物让我们拥有了一份对于另一种生命的关怀与呵护。

但请不要随随便便领养宠物。在领养小宠物前，应该先教育孩子懂得有关生命价值与动物生老病死的知识。只有拥有了对小生命充分的责任心，我们才有理由说我们能够应对一切突变情况。当宠物生病或死亡时，父母应该采取适当措施，不要让孩子因此而过度伤心。

第二十六件事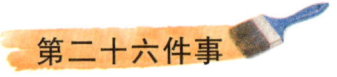

给身边的人写封感谢信,谢谢你们如此爱我

放学回家的恩熙,看上去一脸不高兴:

"妈妈,老师这次布置的作业是写一封感谢信,可我想来想去却发现没有可写的人。怎么办呢?"

智贤颇为吃惊。这孩子,竟然说没有可写的人!要感谢的人实在太多太多了,可女儿竟然为这个发愁,真是想不到。

虽然听了女儿这话智贤有些惊讶,不过自己一时还真没想出什么好主意。如果这时候责备孩子,说不准还会起到相反的效果,这么一想,智贤宽慰女儿道:

"妈妈也想一想,等爸爸回来咱们再一起商议商议吧。"

"好……"

害怕挨妈妈训斥,恩熙小心翼翼地观察着妈妈的眼色。

"别担心,妈妈也想一想有没有值得感谢的事情。"

妈妈的反应让恩熙感到有些意外,因为她知道,妈妈的原则一向是自己的作业自己做。

恩熙为妈妈这句话小小吃惊了一下。吃了晚饭,一家人坐在一起,这时智贤发话了:

"妈妈想了想,妈妈最值得感谢的人,就是当你走失时那位发现了在马路边呜呜直哭的你的叔叔。"

说到这里,爸爸也深表赞同:

"没错,爸爸也想起来了。要不是那位叔叔把当初把你这个小不点儿带回来,我们现在还找不到你呢。"

"那件事情发生之后,爸爸妈妈直到现在也和他继续保持着联系呢。"

恩熙只是从前听爸爸妈妈说过这件事,不过自己一点儿也记不清了。但不知怎么,一想到爸爸妈妈说的最值得感谢的人,恩熙的心里就一片热乎乎的。

"我们好长时间没联系了,今天既然说到了他,咱们就给他写封感谢信吧。多亏这位叔叔,我们的女儿恩熙才能这么漂亮可爱的长大哟。"

就在这一瞬间,恩熙的脑海中浮现出一个人来。

"我也想起来了!我要感谢的是给妈妈做手术的大夫。妈妈入院的时候,我特别特别伤心。是那位大夫让妈妈健健康康回到了我身边,我们一家才能够这么幸福快乐。"

"对,确实是一位值得感谢的大夫。恩熙你看,仔细想想

"要感谢的事情虽然很多,
　可表达感谢之情却并不容易。"

要感谢的人都有两个了。"

那天晚上,恩熙给为妈妈治病的大夫写了一封感谢信,而智贤则给帮自己找到女儿的叔叔也写了一封感谢信。感情的缺口在这一刻突然爆发,恩熙边写边不断擦眼泪,擦完眼泪之后,不知为什么,恩熙心里感到格外地充实和满足。

作为"积极心理学"大师之一,美国宾夕法尼亚大学的马丁·赛利格曼教授给学生们介绍了一种"感谢来访"的训练。训练内容为,给那些帮助自己的人写一封感谢信,同时在找到他们的时候大声读出来。马丁·赛利格曼教授在报告中指出,这一训练可以对两个人的关系产生积极影响。

通过给这些人写信,在表达感谢之情的同时我们还可以极大地提升自己的幸福感。而在另一个实验中也得出了这一结果:即使不邮寄,只写感谢信同样也可以起到增强幸福感的效果。

我们要感谢的事情虽然很多,但表达感谢之情却并不容易。如果这种感谢之情不表达出来,那么我们要感谢的事情也就会变得越来越少。如果继续下去,伴随而来的可能就会是"为什么世界唯独对我们这样残忍"的诘问了。

当痛苦来临时,当与珍爱的人儿别离时,当所剩时间不多时,只有这些时候我们所拥有的才珍贵无比吗？不是的。我们要在平常的生活中学会感谢，学会省悟。

  如果从小就怀有一颗感恩之心，我们的幸福感就会不断提升，我们的孩子就能积极乐观地成长。写感谢信，正是一种安安静静地重新思考自己与他人关系的好方法。

第二十七件事

一、二、三、四！跟爸爸一起做运动

一年前，爸爸妈妈还因为儿子代植从不挑食认真吃饭而深感欣慰，可暑假一到，代植却开始暴饮暴食；不用说一天三顿饭，就连零食也是从不离口。因为是放假，所以儿子一天从早玩到晚，而睡前夜宵也成了家常便饭。

看到儿子一天天变胖，爸爸妈妈开始有些担心了。因为儿子比从前更容易疲累，而且还总是小病不断。

在9月份进行的学校体检中，代植被诊断为儿童肥胖症，这下可把妈妈吓坏了。当妈妈终于意识到要给代植进行饮食调节时，儿子的体重已经骤然增长了12公斤。

一旦体重增加，减起来可就没那么容易了。光是减少饭量，就已经让代植倍感压力了。一天晚上，爸爸妈妈竟然发现

儿子偷偷溜到厨房,嘴里塞满了面包。第二天,妈妈对爸爸说:

"老公,代植因为减肥心理压力也确实不小。让他运动运动怎么样?"

"运动……当然不错,可是我们能就直接这样命令'代植!快出去运动'吗?你不是一提到周末登山也会满脸不高兴吗?"

"我和代植都别提多讨厌运动了。可如果能动动身体,代植这孩子也不会长胖这么多……那该怎么办才好呢?"

"大人如果想要减肥或运动都得有相当大的决心和毅力,何况你只强迫代植一个人运动,这有点儿过分吧?这样,不如我们一家所有人都去运动怎么样?"

"所有人?"

"托代植的福,这样我们一家人都可以健健康康的嘛!"

过了几天,爸爸"号召"儿子加入社区羽毛球俱乐部。

"不要。我不要运动。我少吃点儿饭不行嘛。"

妈妈插话了:

"儿子,你看,爸爸的小肚子都开始隆起来了,要是再不运动就会出麻烦了。所以,我们一起去运动吧?这样在你无聊的时候爸爸还可以陪你玩。"

"就是就是,妈妈和姐姐也都去运动,你看,姐姐为了这个连辅导班都可以不去呢。"

爸爸提议,妈妈撺掇,姐姐又怂恿,代植的心开始有些动

摇了。观察到儿子的变化,爸爸从购物袋里取出了一只羽毛球拍子:

"看,代植,这就是上次出战羽毛球比赛的申白哲选手的拍子。"

代植瞪大了眼睛。虽然羽毛球打得并不怎样,但颇喜欢观看球赛的代植可是国家队选手申白哲的粉丝。

"哇!这个,就是VICTOR(胜利)吗?"

"当然了!"

"爸,我现在就要去羽毛球场!"

代植握着拍子向外面跑去。

孩子肥胖并不只是孩子自己的问题。喜欢活动的家庭,经常会一起运动、散步、旅行,而喜欢宅在屋里的家庭,不管是孩子还是父母都会很容易发胖。为防止这一现象,培养规律运动的习惯是必不可少的。

如果想要终生保持运动的爱好,就要从小开始培养运动的习惯。从小讨厌运动,长大后却喜欢上运动的孩子其实少之又少。随着年龄的增长,我们的身体状况越来越差,离运动也就越来越远。然而,如果等到失去健康后再想运动也就几乎没有可能了。于是就有了这样一句真理:"我们应该在健康的时候保持健康"。

无论什么运动,一个人做总会索然无味,心生厌烦。但如果爸爸妈妈甚至兄弟姐妹朋友一起参与其中,则一定会有助于孩子们培养运动的习惯。

讨厌运动的孩子可以从简单的跳绳、散步开始。每天与家人一起边散步边交谈,减减压,呼吸呼吸新鲜空气,你会有一种由衷的幸福感。那么,诸位父母做好准备了吗?

第二十八件事
现在召开编辑会,新一期家庭报纸开始编排了

"学校说要制作家庭报纸。"

贤民开口道。他想改变一下晚饭饭桌上别扭的氛围,但没有人搭话,大家仍然一声不吭只顾低头吃饭。原来,爸爸和妈妈正在冷战中;昨天,两人狠狠地吵了一架。

"可是因为什么吵架的呢?"

妈妈记不起来了。

同样,妈妈和贤民之间也产生了小摩擦。上次贤民把准备好的东西忘在了家里,妈妈不得不气喘吁吁地给他送到了学校。可是过了一个月,同样的事情又发生在了贤民的身上。

"妈妈说几遍了?让你一定带上计划书!"

"我知道了嘛。"

"你到底像谁啊？这么健忘！"

"像你！"

这话是没错,可是一定要这样顶撞妈妈吗？妈妈心里有些难过,老大、老二还有爸爸……晚饭的气氛就一直这样沉闷而僵硬着。

吃完饭后,妈妈将写有贤民作业要求的纸条放在了客厅沙发上,爸爸瞟了一眼,问儿子：

"贤民,一定要制作家庭报纸吗？"

"嗯,那是我们的作业。"

"那我们30分钟后从编辑会开始吧。"

"什么嘛,还要这样一句话也不和我说？这种方式？哼！"

对于爸爸的反应,妈妈心里正恨恨地想着,贤民说话了：

"学校说,因为要做年级报,所以只开一次编辑会是不够的。第一次编辑会可以快点儿进行,剩下的内容可以等周六早上再补充补充。"

"OK！爸爸先去买编辑会中需要的饮料！"

"爸爸,我要小苏打！"

秀民大声喊道。

"贤民呢？"

"我要巧克力牛奶！"

"……你呢？"

"切,还是那样。"

妈妈丢下一句"随便买什么都行"。不过话虽然这么说,妈妈心里还是嘀咕着,"你不是明明知道我喜欢科罗娜啤酒吗?"

不一会儿,爸爸买回了小苏打、巧克力牛奶和科罗娜啤酒。看到这些,妈妈吃惊地张大嘴巴,火气消了一半。

编辑会由贤民开始主持进行——竟然是由平日里丢三落四、慌里慌张的贤民主持进行的。不过儿子今天的沉着从容,让老妈颇为欣喜感动。

首先讨论的内容是大家各自负责哪一版面。爸爸负责社论,妈妈负责家人必懂的生活常识特辑报道,贤民负责撰写去年一家人的杨平龙门山游记,而秀民则负责撰写自己的漫画电影鉴赏心得。

"该怎么结尾好呢。第一次编辑会先这样结束吧,到周六我们再进行详细的讨论。"

在第二次编辑会的时候,大家纷纷提议要写出更有深度更重要的报道。于是,"对家庭和睦来说什么最重要"成了家庭报纸头版。报道由爸爸撰写,采访对象为妈妈、贤民和秀民,报道征集全体成员意见,同时,家庭成员可以分别撰写彼此的人物评论,比如爸爸对妈妈,妈妈对贤民,贤民对秀民,秀民对爸爸。大家预感到,这样的内容一定会让报纸更有特色。

从第二天开始,一家人开始忙着进行采访,撰写评论。在准备报纸的过程中,随时分享彼此的意见,不知不觉间,贤民一家的气氛又重新融洽起来。

这天早上,妈妈的电话响了起来。

"老妈!我忘了带家庭报纸!"

是贤民的声音。

"好的!"

妈妈刚想大声叱责,却欲言又止——前天家庭报纸头版采访时自己说的话又浮现在了她的脑海中:

"如果想要家庭和睦,生气之前一定要三思而后行。"

"等一等,妈妈给你送去啊。"

即便是生活在一起的家人,也有不了解对方想法的时候。不论发生什么事情,第一时间倾诉的对象必然是家人,然而,我们在平常生活时却只是说了些必要的话;一家人的生活也并非总是和和美美一帆风顺的。

缺乏沟通的家庭可以被称之为家庭吗?寄宿生一样的爸爸,说不了几句话的儿子,总与富二代朋友比来比去的女儿,只有在外面才会面露笑容的妈妈……失去了沟通,也就意味着这个家庭开始慢慢解体了。

那么,一起来制作家庭报纸怎么样?要想正式完成一份家庭报纸,至少需要开一次以上的编辑会。我们可以借这一过程敞开心扉,说出想法,通过这样的沟通交流,我们才能更加理解彼此。

一起制作家庭报纸仅仅是一种手段,其最终目的是要进行沟通与对话。这是所有家庭成员都要参与的一项集体活动,同时也是一种对会议召开、报道撰写以及编辑的教育学习。

每当学校要求制作家庭报纸时,许多孩子都会选择独自撰写家庭故事,马马虎虎地完成作业。家庭报纸成了孩子肩头的重担,采访家人成了孩子心烦的课题。但是,如果家人一起分担任务,共同制作家庭报纸,大家就会为搞好自己负责的版面内容而一起努力。

定期制作家庭报纸,可以进一步加深家人之间的纽带关系,家里发生的任何一件小事都可以考虑刊登到报纸版面上,在这一过程中,家人之间会对彼此更加地关心。当然,在制作家庭报纸的同时,还可以提高我们的写作水平,让我们养成整理资料的好习惯。

第二十九件事
安慰一下做错事的孩子吧,我们一起做补救

周贤穿着哥哥正贤的衣服出去了一趟,结果把哥哥的衣服弄丢了。那件衣服哥哥十分珍惜,平时很少穿,只有在特别的日子才会穿在身上。这次周贤偷偷穿着它去了游乐场,结果随手搁下就回了家,后来当他再去找时,衣服已经没了踪影。

周贤灰头土脸地回到家里,把事情原委全都告诉了妈妈。

"妈妈,快点儿,打开我的小猪存钱罐,看看可不可以再去给哥哥买一件一模一样的……"

钱倒是还有,不过要再买一件一模一样的衣服可是难上加难。周贤急得眼泪都快要掉下来了。妈妈走过去紧紧地把

儿子搂在了怀里。

"不要哭了,没关系的。哥哥回来的话,妈妈好好跟他说说。"

可是周贤仍然安不下心来。过去自己就因为穿哥哥的衣服被发现了,挨了哥哥好一顿训。这次又把哥哥最最珍惜的衣服搞丢,他差不多已经猜出会有什么事情降临到自己头上了。

周贤整整担心了一天,吃不下饭,睡不好觉。妈妈收拾完饭桌后过来给儿子轻轻盖上了被子。

过了不久,正贤从辅导班回来了。妈妈将弟弟穿丢衣服的事情讲给了他,妈妈话音刚落,正贤的脸色瞬间一变,扔下书包就要奔向弟弟的小屋。妈妈急忙拽住了正贤的胳膊:

"妈妈再给你买件新的,原谅你弟弟吧,嗯?"

"妈妈你不知道我多珍惜那件衣服吗!"

这一刻正贤的心情妈妈自然十分理解。她抱过儿子,小声说道:

"你弟弟他不是故意的。"

不久,正贤从辅导班回来了。妈妈将弟弟穿丢衣服的事情讲给了他。刹那间,正贤回忆起了不久前刚刚发生的一件事情——那时自己一失手打碎了一只碟子;那不是一只普通的碟子,而是妈妈最最珍惜的碟子。知道是妈妈爱不释手的宝贝,正贤呜呜哭着央求妈妈原谅自己,妈妈愣了一下,平复了一下心情向正贤走了过来。正贤闭紧眼睛,等待妈妈

"没关系,又不是故意的嘛。"

训斥。

"没关系,又不是故意的嘛。"

妈妈一把搂过了正贤。

妈妈安慰自己的情形浮上了正贤的脑海。他想了想,轻轻将脸埋在妈妈的肩头上:

"知道了,妈妈。"

那天晚上,从梦中醒来的周贤怯怯地望着哥哥:

"哥哥……对不起……"

"没关系,又不是故意的嘛。"

说着,正贤紧紧抱住了弟弟。

人人都有犯错误的时候,而且,孩子往往比大人更容易犯错误。但每当孩子犯错误时,大人们却总是不断地大声训斥他们,哪怕孩子已经知道自己错在了哪里。我错了,下次再也不犯了,求爸爸妈妈原谅我……孩子们总会这么乞求。

孩子需要的是安慰而不是叱责。我们首先要做的应该是告诉孩子解决方法,给他们一个自己挽回错误的机会,只有这样,孩子们才会有足够的自信。

只有得到父母安慰的孩子才会成长为一个能给予他人安慰的人。我们都知道,一句温馨的话语可以给予犯错误的孩子一份直面问题的勇气。所以,在厉声斥责之前,请大家温柔地安慰一下孩子吧;在当面驳斥之前,请大家轻声地原谅一下孩子吧。因为,人人都是在犯错中长大的。

第三十件事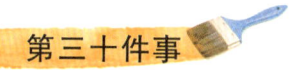

这个周末,我们一起去农村种菜吧

振基与朋友一起加入了周末农场,成为了周末农场的会员。对于这件事,振基的儿子强赫完全没有预料到。这天,他问爸爸:

"爸爸,咱们去那儿干什么呀?"

"我们一家人都要去那儿干农活啊。"

"干农活……"

已经小学四年级的强赫从出生到现在一直生活在城市里,也就是说,农活在他的成长过程中从来就是一种遥不可及的东西。

"爸爸,那你要种什么呢?"

"这个嘛,比如莴苣啦,辣椒啦,黄瓜啦,茄子啦……爸爸正在考虑着呢。"

强赫脑海中浮现出电视中的插秧场景。他见过人们挽着裤脚,赤脚走进田野栽秧的情形。晒得面色黝黑的农夫大叔,烈火骄阳下弯腰弓背不停干活的大妈,衣服沾满了泥土的孩子,一大早起床为牛准备饲料的老爷爷……这就是强赫脑海中对干农活的印象。这可不是强赫想干的事。

"周末一定得去农场吗?"

强赫一脸的不情愿。

"当然了。"

"我,我还有成堆的作业……"

强赫央求地抬头望望妈妈。可妈妈看都没有看他一眼:"不行!就是为了你咱们才加入的周末农场,你不去怎么行!"

妈妈说什么?为了我加入的?强赫心想,这个借口可真够荒谬的。

难怪平时一下班就喊着要去农村干农活呢,哼,拿我当借口……

强赫的脸色一点点沉下去,这时振基安慰他道:

"当然也不仅仅是为了你一个,还有爸爸朋友们的孩子,为了你和那些小朋友,大人才一致同意这么做的。知道了吧。周末就准备准备去农场吧。"

星期六的早上,强赫的家里香气四溢。

"强赫,妈妈做了你喜欢的牛肉紫菜包饭。"

妈妈正在拿紫菜包饭打动小强赫呢。

"就去今天一天。如果你真的不喜欢,回来后我们下次就不去了。"

与几天前的强硬态度截然不同,振基说服儿子道。

"真的好不想去呀……可是妈妈准备了这么好吃的盒饭,爸爸又这样再三央求……就去今天一天?好吧,今天就让爸爸一次!"

一家人刚到周末农场,就发现爸爸的朋友们还有他们的孩子都已经提前到达了。大人们挖土运水,孩子们就在小溪沟边嬉闹游戏。吃完午饭,大家捉虫子,过独木桥,开心得不得了。

"强赫,来这儿!"

"怎么啦?"

"在这儿种点儿辣椒!"

"哎,我正玩在劲头上呢……"

这时,他听见爸爸的朋友也正在喊他孩子的名字。

"来了周末农场,就一定得种一棵小秧苗。"

强赫从爸爸手里接过手掌大小的小辣椒苗。

咦?这是什么?这个东西怎么这么小呀?

"来,用园艺铲把这儿挖开,播上秧苗,覆上土壤,就OK了。"

强赫将爸爸递过来的辣椒、莴苣、黄瓜秧苗一一种在了田地里。

"好了吧？那我忙去啦……"

孩子们刚播下种子,就溜之大吉了。喑,小家伙们又聚在一起嬉闹起来了。

在回家的路上,在车里小强赫就打起了呼噜。

"这孩子看上去是真累了。"

"是呀。玩得那么起劲儿。"

一个星期后,强赫的朋友泰永拉着强赫去了趟游乐园。"我爸爸公司发的免费入场券哦。"这可比周末农场好玩多啦;第二周,强赫又去住在社区的姨母家跟舅舅秀浩玩了一整天电脑游戏;第三周,因为四肢酸痛,强赫只好和妈妈双双留在了家里。

"这个星期六我们去农场吧。"

"啊？这个……"

这次可再没有逃避去农场的借口了。唉,早知道就制定一张满满的计划表了！没办法,强赫只得跟着爸妈来到了农场。距离上次已经整整一个月了。

一来到周末农场,强赫便问爸爸：

"爸爸,我们的田地在哪里啊？"

"就在这儿。"

"啊？你说这儿？"

眼前绿油油的蔬菜,已经没过了强赫的膝盖。

"不是吧……几个星期前这些还刚种上呢……"

"怎么样,长得很快吧?都是那些孩子的功劳。强赫你可一直没来,是旁边那些孩子帮爸爸妈妈一起浇水施肥,这片田地才生长得这么茂盛的。"

旁边田地里,上次见过一面的顺秀开心地正在向强赫打招呼:

"哥哥!这段时间怎么没见到你呢?"

顺秀手提喷壶,正在专心致志地浇水。一时间,强赫就觉得后脑勺好像狠狠挨了一下子似的。难道说,在蔬菜成长的这些日子里只有自己一个人总是在缺席吗?

"植物长得真快啊。小辣椒、小黄瓜还有小莴苣,你们生长的时候,我在干什么呢?"

强赫转身看看正在浇水的爸爸:

"爸爸,我来做!"

如今,我们的孩子接触大自然的机会越来越少。习惯了各种快餐和加工食品,孩子们甚至开始讨厌蔬菜的味道。那么,用自己的双手挖土栽培植物怎么样?

生活在城市里的孩子只能通过书籍或电视接触一下与务农的有关的事,虽然偶尔也有机会去农村旅游,但他们却无法真正了解干农活的艰辛。掘土、播种、施肥,只有流汗并亲自体验一下,我们才会懂得农民的辛苦。

周末农场大体验可以让孩子明白每一粒米饭都应格外珍惜,让孩子学习到即使播撒一粒种子也要下很大的功夫,让孩子懂得生活因艰辛而可贵。

第三十一件事

砸开存钱罐,把里面的钱花在自己想花的地方

妈妈又买了一个猪猪存钱罐!灿宇满脸的不高兴。

"有花剩下的零钱就存起来,不要一个劲儿吃零食了。"

又是这些话!耳朵都要生茧子了。如果灿宇假装没听见,妈妈还会补上一句:"存到圣诞节时捐给贫穷的邻居们。"

灿宇可一点儿也没有当什么善良的好孩子的心思。到了年末,电视中播放孩子们拿出猪猪存钱罐捐助穷人时,妈妈又发话了:

"你看看,多善良的孩子们啊!你也捐捐款嘛。"

灿宇心想:切,电视里的孩子才不是自愿把自己辛辛苦苦存的钱捐出来的呢;他们也是被妈妈们逼着那么做的。每

次灿宇想买零食时,妈妈总是催着他把钱存在存钱罐里,这让灿宇无比地讨厌存钱。每当那时,灿宇就会想,要是没有存钱罐这东西该多好啊。存钱罐越来越沉,而灿宇却一点儿也高兴不起来。

这天灿宇到成在家玩耍。

"总是听你老妈没完没了唠唠叨叨,还不如得癔病发疯了吧?"

成在问灿宇。

"什么是癔病?"

"是精神医院常用的词儿,就像压力太大发脾气一样。知道我姨妈吧?都25岁了还没有嫁出去,她有时候就神经兮兮的。那就是癔病。"

"啊……"

"不管怎么说,看我的。"

成在说,要告诉灿宇一个"从存钱罐取钱的好办法"。

"必备物品是一把镊子。"

成在拿起自己的存钱罐,给灿宇做了一个示范:首先,他把存钱罐倒过来,这样硬币或纸钞自然而然地堆积在了最下面,然后用左手拇指撑开存钱罐上的小洞,右手拿着镊子小心翼翼地从小洞探进去,一会儿,镊子一头便夹起了一张5千韩元的纸钞。

"好了!我们可以一起去上网啦。"

成在耸了耸肩。灿宇眼睛里满是羡慕,紧紧跟在了他的身后。

回到家后,灿宇拿着存钱罐跑进了自己的房间。当他刚用小镊子夹住1千韩元纸币时,突然听到妈妈喊了一声自己的名字。灿宇慌忙将存钱罐放回了原处,朝妈妈走过去:

"什么事啊,妈妈?"

"你去成在家了没?"

"嗯,怎么了?"

"《科学东亚》杂志拿回来了吧?"

"啊呀!忘了!"

这一次,灿宇只顾着欣赏神奇的"偷钱"技术把去成在家干什么忘了个一干二净。不过,不管怎么样,接下来灿宇就可以拿着存钱罐里的钱去买零食吃了。

过了些日子,妈妈又买来了一只新的存钱罐。

"以后这只存钱罐用来存放我们一家人的零钱,妈妈和爸爸也要像你一样把零钱一一搁在这里面。如果存满了,就打破猪猪存钱罐,去你最最喜欢的游乐园玩。剩下的钱呢在你需要的时候再用,比如买好吃的或者买玩具。"

听了妈妈的话,灿宇愣住了。刚开始他还以为妈妈只是开个玩笑,可是后来他发现妈妈的表情非常非常地认真。满怀兴奋的灿宇使劲儿搂了搂猪猪存钱罐。

从这天以后,灿宇再也不使用"偷钱"技术了。因为,如果想去游乐园,就得快快地把新存钱罐装个满满当当。每当自己有了钱,就可以随便把它们往这只新罐里装。新年的压岁钱,亲戚大人给的各种零钱,统统都装在了这只小存钱罐里。他甚至还制作了一张"零钱赚取清单"——给爸爸擦皮鞋200元、再生利用分类300元、鞋子整理100元、吃饭摆放碗筷100元,等等。

一年后,灿宇和爸爸妈妈拆开了存钱罐。筹集起来的钱总共已达到16.37万韩元。逛完游乐园,存钱罐里还剩了5万元钱。

第二天,妈妈又买了一只猪猪存钱罐。这次要是装满了,爸爸妈妈就要给灿宇买他一直想要的游戏机。灿宇又开始存钱了。到了年末,买完游戏机后,存钱罐里还剩了3万元钱。这时灿宇对妈妈说:

"妈妈,我要把这些钱捐给那些需要帮助的穷人。"

"好啊。"

第二天爸爸回家后,妈妈告诉他:

"灿宇要把说存剩下的钱拿来捐助呢。"

"不错!还剩了多少?"

"3万元呢。"

"以前灿宇从存钱罐'偷钱'时我没训斥他,看来我的策略还是不错的哟。"

看着爸爸骄傲的神态,妈妈扑哧一声笑了。

孩子在家时,一定要给他准备一个猪猪存钱

罐。这样做是为了教育孩子养成不乱花钱的习惯。如果存钱罐里装满了,父母要提醒孩子可以把这些钱存在存折上或者用在特别的地方。如果想要培养孩子存钱的习惯,这一点无疑是非常必要的。

存钱的目的是将零花钱集在一起,让钱越攒越多。孩子们可以用这笔钱买想买的东西,做想做的事。如果存钱罐全部装满,我们要先让孩子做他们想做的事,只有这样孩子们才会感受到存钱的乐趣。

在这一过程中,父母的同时参与是非常必要的。既可以让孩子养成储蓄的习惯,又可以让父母给孩子买他们需要的东西,不正好是一举两得吗?

第三十二件事

送一件最自己最珍爱的东西给孩子做礼物

"到了上高中时,你也去首尔读书吧。"

爸爸说这话的时候,英熙似乎有什么话想说。每当此时妈妈就总会接话道:

"这儿就是个偏僻的农村,你看看姐姐和哥哥,从高中开始就去了首尔姨妈家住着,在那儿学习最后考上了好大学。等你初中毕业后,也去姨妈家寄宿。"

"妈妈,我喜欢这里。"

"这是什么话?你要在这里住一辈子吗?"

"我讨厌首尔,我不要去。"

忍了好一会儿的爸爸发话道:

"你以为你是老小就可以不去吗?只要是个人,就都得无条件去首尔!"

"我是个孩子!"

"你说啥?"

"妈妈,我不要和美英分开,我们约好了,这一辈子永远不分开。"

美英是英熙最要好的朋友。从小学一年级第一次见面开始,两人就一直形影不离。

"你可以打电话也可以写信,不管怎么样都是能联系的不是吗?你还可以偶尔回乡下来和她见见面。你去首尔过得好了,美英也会更开心呀。"

英熙一下子号啕大哭起来:

"我不要!比起学习,我更喜欢美英!我不要放下美英一个人去首尔!不管怎样我都要和美英在一起!"

英熙一边说着一边跑出了家门。

因为女儿,妈妈的心里非常焦急。

过了几天,英熙妈妈见到美英,把英熙的话告诉了她。

"明白了吧?你去劝劝她吧。"

"我,我也不想和英熙分开……"

美英说着小声啜泣起来。

"我跟英熙说过……我劝过她,也吓唬过她,但我那么做只让她更伤心难过……"

美英一番话说得英熙妈妈心里一阵发热。这一刻她甚至也不想让女儿和朋友分开了。

这天晚上,美英见到英熙,送了她一个玩具熊。美英格外珍爱这个玩具熊,平时连自己摸一下都舍不得,可现在却送给了英熙。英熙抱着玩具熊,瞪大眼睛看着自己的好朋友。美英轻轻摩挲着玩具熊,对英熙说:

"想我的时候,你就抱抱玩具熊。我去首尔玩的时候,如果看到它被你弄脏了或弄到了桌子底下,你可就死定了,明白吗?"

英熙紧紧抱着玩具熊一下子拥入美英的怀中。她似乎感受到了朋友的内心,眼泪扑簌簌地落了下来。美英也忍不住哭起来:

"你不要落在首尔的孩子后面……一定要努力学习……我读大学时也会去首尔的……那时我们再上同一所学校……呜呜呜……"

分别后的美英和英熙没有再上同一所大学。然而,两个人都同时在首尔读书,也依然像过去一样亲密无间,形影不离。直到结婚生子,两个人自始至终都是最最亲密的好朋友。

上面所讲述的就是友珍妈妈英熙的故事。当提到将女儿友珍送到加拿大进行两年的语言研修时,女儿腾地跳起来,说自己与素晶是分也分不开的好朋友。

英熙遇到素晶后,将自己的故事讲给她听。最后,友珍抱着素晶送的带有 Bigbang 照片的大靠垫登上了飞机；这只在演唱会上千辛万苦得到的大靠垫是素晶最最珍爱的东西。

不久前，我刚刚听了梨花女子大学昆虫学家崔在天教授的一场演讲。崔教授说自己为了赢得对方好感甚至连昆虫都送过。"礼物这东西，既然想送就要送最好的。"

当然，我们也可以把不怎么重要的东西赠送给他人。不过，赠送自己心爱的东西对人们有着特别的意义。送这样的礼物，意味着我们对对方特别的关心和珍爱。能够慷慨赠送自己最心爱物品的人，又怎么会是与自己关系不亲密的人呢？

第三十三件事

时间是怎样用掉的?跟孩子一起制作时间记录表

几年前的某个夏天,一放暑假,孩子就开始专心致志地大做特做课程表。小家伙将彩虹色的课程表贴在书桌上,问我:

"爸爸,你看怎么样?"

"做得蛮漂亮嘛。不过……你要11点睡觉6点起床?一天学习6小时,吃饭只吃30分?你在学校也不这样嘛。"

"我会遵守的,爸爸你瞧着吧。"

前两天,孩子每天都是6点准时起床。可是过了3天,不到8点这小子绝不会睁开眼睛。"雄心壮志超不过三天",这话真是一点儿都没错。我们的祖先分明是用心观察了人类行动才做出这样的时间统计的。

课程表不过只是一张纯粹的装饰品。学校要求制作，孩子们也仅仅是"制作"而已，脑子中完全没有必须实践的概念。于是我第一次把孩子叫过来，开始给他慢慢讲解课程表的用途以及时间的重要性。

"你再去重新制作一张可行的课程表。你要知道，既然制作了就要实行。"

孩子前两天似乎还在按照我说的做，不过从第三天开始，就越来越马马虎虎，甚至还偷偷地躲着我。其实，孩子现在的情形与我当初上小学时并没有什么两样。我也是到了上中学的时候才不搞这种东西的。制定计划，只是起初还会遵守，过三四天，人必然就会变得懒惰。

上高一时，班主任老师告诉我们要"记录下时间"。一个星期内以10分钟为单位记录自己做了些什么。一周过后，我傻了眼：被我无端浪费掉的时间竟然比我所想象得多好多好多！进出厕所的时间，翻阅杂志的时间，跟朋友煲电话的时间，上床之后为了听收音四处调频的时间……把这些琐碎时间全部加在一起，恐怕都抵得过我学习的时间了！

我深受打击；因为我浪费的时间居然如此之多，而我认真投入学习的时间却是少之又少。于是，我重新制定了一张切合实际的计划表：2个小时集中学习，30分钟尽情休息，最终，这张时间表让我的成绩提高了许多。

我打算跟孩子一起制作一张时间记录表，记录方式仍然是一个星期内以10分钟为单位。到了第二周，我开始让孩子

自己记录。两周过后,我们俩都大吃一惊。在这张记录表里,清清楚楚地记录了我们没有按照计划度过的时间。

那年寒假,孩子又制作了一张时间表,在这张表中,学习时间比暑假时的缩短了很多,而余暇时间却增加了不少。真是一张大懒虫的时间表——晚上11点睡觉,早晨8点起床。此外,这张时间表中还有如下计划:学习2小时,弹琴3小时,读书2小时。孩子一丝不苟地按照计划表执行起来。

几天后孩子喊着"一天学习2小时不够",又将学习时间增加到了3小时。我为自己的孩子感到小小的骄傲。当然,不是因为学习时间的增加,而是因为他能够创建切合实际的计划,并认真地执行到底。

有一句话说得好,对于生活忙碌的人来说时间永远是不够用的。现代人最大的苦恼之一也是如何有效地管理好自己的时间。

对于任何人而言,时间都是24个小时。时间是再公平不过的东西,无关贫富,人们拥有的时间都是一样的。即使身价百亿的富豪抑或是一国总统,也无法购买流失的时间。

不幸地是,在认为时间无限的年少时期,我

们大把大把地挥霍时间,直到挥霍完后才幡然醒悟。然而,当我们醒悟的时候,留给我们的时间却已经不多了。

对于那些缺乏判断能力的孩子我们该怎么办呢?他们一心玩耍,当然,我完全认可"小孩子就应该尽情玩耍"这句话,但我们应该学习的时候认真学,玩的时候尽情玩,怎么可以让孩子24小时无休止地玩呢?

那么,时间的富有者又是些什么样的人呢?他们不是天天忙得喘不过气的人,也不是天天闲得只知道吃吃睡睡的人。时间的富有者,他们忙起来别人拿针刺都感觉不到疼,闲起来不论谁讲故事都会侧耳倾听;这样的人才是真正会利用时间的人。

所有的父母都希望自己的孩子懂得时间的珍贵。然而,一旦联想到抽象的时间,孩子们就可能无法接受。那么请记录下你是怎样跟孩子一起度过时间的吧。写下时间记录,我们就可以知道自己浪费了多少时间,同时又度过了多少有价值的时间。

第三十四件事

浇水、施肥、晒太阳,跟孩子一起养株植物吧

侄子俊浩是个耐性极差、注意力非常不集中的孩子。虽然我姐姐希望他性格中多一分安静与忍耐,可这孩子偏偏就爱吵闹喧哗。侄子上小学3年级的时候,我姐姐去他学校参加过家长旁听活动。偏就在那天,侄子异常地淘气,这让做妈妈的心里很是难受。一下课,我姐姐就去找了老师:

"对不起,老师……俊浩今天可能有点儿兴奋才会这样的……"

"这应该是我见过的他最安静的时候了吧?"

"啊?"

那天回家后,我姐姐把小俊浩狠狠揍了一顿。此后,每当听说儿子在学校调皮捣蛋,姐姐就会狠狠地教训儿子。可每

到节假日,小俊浩又会废话不断,捣蛋继续,简直没有一刻安静的时候。

这天,嫂子对姐姐说:

"你给俊浩买只花盆吧。"

"花盆?为什么买花盆?"

"市民运动家咸锡宪先生在临终前,曾经叫来忙碌于人权运动的女牧师,给她一只花盆,叮嘱道'好好养花,不要让它枯萎'。牧师一脸茫然地接过了花盆。直到咸锡宪先生去世后,她才知道了先生的用意。不要急急忙忙地生活,多抽时间回顾一下自己……这就是花盆的意义。"

嫂子说,养植物可以让人们变得更加安静平和。姐姐虽然还是有些半信半疑,但她现在的心情可是火急火燎的,于是她决定先按嫂子说的试一试。

几天后,姐姐带着俊浩去了花店。一开始还死活不肯去的俊浩来到花店后一下子就挑了3盆花。他挑选的是空气净化植物——暹罗极光;这种花色泽艳丽,外形极其好看。

然而,暹罗极光被俊浩带回家还没到一个月,便开始一点点地凋零了。原来是因为俊浩给花浇水太过频繁导致的。俊浩跑到花店,询问怎样做才能救活这株植物,花店老板给了他一些营养剂。拿到营养剂的俊浩将它们一点一点洒在了花盆里。他照花店老板所说,适度的给花儿浇水,每天一次地将花盆搬到阳光能照射到的地方。

这天,嫂子来俊浩家玩,看到花盆里的植物,她点点头说

道:

"同样的条件下,养花草的方式也分为两种。一种是像你这样按部就班地浇水;另一种呢,就是你在浇水的时候对它不停地说'你真漂亮。我真喜欢你。好想让你快快地成长'。过几个月后你就会发现,那盆倾注心血呵护有加的花草会生长得更好。"

这番话深深地印在了小俊浩的心里。从此以后,每天给花儿浇水的时候,他都会加一句"你真漂亮";在将花儿搬到阳台时,他都会加一句"好好生长哦";在凝望着花儿时,会说一句"我真喜欢你"。

不知是不是因为孩子的关心,暹罗极光生长得格外茂盛。在暹罗极光开出白色花骨朵的时候,俊浩眼圈都红了。

在家庭聚会上,我碰到了小俊浩,问他:

"俊浩,养花后你变得安静好多了哦。"

"嘿嘿嘿,我可不要让别人再叫我淘气包啦。"

养植物和养动物完全是两码事。虽然动物和植物都需要我们的呵护关心,需要我们悉心的照顾,但人们对二者的态度却有所不同。

植物和动物不一样,它们不能自由活动,也

不会像动物一样将自己想要的东西表现出来。养植物的人只有意识到这一点,才会知道应该为它们做些什么。我们要将植物放在阳光能照射到的地方,并及时浇水不让它们枯萎。

不管主人怎么做,植物都不会责怪主人。所以,如果我们对植物置之不理,它们就会枯萎、死去。当然,植物不需要过分的照顾;浇水过多,阳光照射过度,同样也不利于它们的生长。我们需要采取适当的策略,似养非养,这才是养植物的秘诀。

对于我们倾注的心血,植物的反应还是很强烈的。我的侄子俊浩第一次养植物就成功也是很侥幸的,说实话,在公寓楼上养这种植物可不是件容易的事,这需要坚持、耐心还有适当的阳光和水分,只有满足了上述种种苛刻条件,植物才能茁壮成长。当孩子们看到其它生命成长的情形,心中也会感受到一种强烈的爱。

养植物需要我们全神贯注,需要我们将它们当成有生命的对象。

当然,植物生长也需要很长一段时间。正是这种对等待的耐心的需要锻炼了孩子们的耐力和韧性。诸位家长,让我们和孩子一起养株植物吧。

当我们与孩子一起玩游戏时,我们也会变成孩子,
这就是我们与孩子之间最好的沟通方式。

Copyright@Moon Seobin

第三十五件事

爸爸和你在一起,我们去攀岩吧

1986年6月,乔·辛普森与西蒙·耶茨在征服南美安第斯山脉斯拉格兰峰时不幸遇险。乔·辛普森摔断了一条腿。一条50米长的登山绳拉着两个人,走走停停,不停地跌倒又爬起来……突然,乔·辛普森向冰山裂缝中滑去。无法承受乔身体重量的西蒙·耶茨迅速抽出小刀割断了绳子,并回到了登山营帐。那么,绳子另一端的乔·辛普森怎么样了呢?

西蒙与乔的故事是一则真人真事。登山电影《垂直极限》还原了这一故事。

世界著名登山者罗伊斯与儿子彼得、女儿安妮一起去攀岩,结果,在攀岩的过程中,因为队员的失误他们遭遇了险些从岩壁上坠落下去的危险。登山绳的最顶端是安妮,中间是彼得，而父亲罗伊斯正处在绳子最底端。直觉告诉父亲，一条登山绳承受不了三个人的重量，于是他大声向绳子中间的儿子喊"快割断绳子"。

"No！No！Daddy，No！"

"Cut the rope！"

"Peter！No！"

三个人遇到了绝路求生的一刻，世界上的孩子们怎么会割断牵着爸爸的绳子，亲眼看着爸爸这样死去呢？可是，世界上所有的父亲们却会为了救活自己的孩子，毫不犹豫地割断悬挂在300米绝壁上的绳子。只是罗伊斯没有剪刀。他向儿子喊道："如果你不剪断绳子，我们三个人都会死的！你得救你妹妹！"最终，彼得抽出剪刀一下将绳子割断了。此时，父亲脸上含着一丝微笑：

"彼得！安妮！我爱你们……"

那么，上一则故事中讲到的乔·辛普森又怎么样了呢？回到登山营帐的乔·辛普森奇迹般地活了下来。他拖着残废的右腿，花了三天三夜终于走回了营帐。后来，辛普森原谅了西蒙，两个人再次携手登山。非常地不可思议吧？

我想告诉大家的到底是什么呢？我们可能会割断朋友的绳子，但绝不会割断孩子的绳子。就像彼得的情况一样，他可以割断父母的绳子，但世界上却没有一个会牺牲孩子的生命来拯救自己的父母。

我在可隆登山学校进行了为期6周的学习，此后经常带着登山绳去爬北汉山仁寿峰与道峰山仙人峰。当然,每到这时都会有许多同伴一起牵着绳子保持前后次序前行以确保彼此的安全(将绳子一端结结实实固定在岩石上,另一端用来保护同行者的安全,是一种可防止从高峰摔落的保护行为)。

与我经常一起攀岩的有剧作家申山还有电影演员李宰久等人。李宰久曾在与我攀登仁寿峰时差点摔下去,而申山在没有与我同行时也经历过从高处摔落的危险。我们都是很不得了的人吧?不过,我们都对登山绳上的同伴非常非常地信任。如果不信任彼此,我们也不会在垂直的峭壁上放心地迈开脚步。如果想要成为登山绳同伴,必须要有这样一种信心,那就是"即使危险来临,也不会割断朋友那端的登山绳"。同时,我们也要坚定"在危险发生的瞬间,登山绳是不能割断的"这一信念。比起两个人死去,我们应该做的是让一个人活下来,这就是登山者的疯狂精神。

实际上,攀岩并没有我们想的得那么危险。在攀岩过程中摔死的几率甚至比在路上开车发生交通事故的几率还要小。话虽如此,我还是因为老婆"过于危险"的极力反对没能带孩子一起去攀岩。我们只去过一次模仿自然岩壁建造的牛耳洞岩壁——一座人工岩壁场。

野外人工岩壁场由 15 米高的岩壁构成。在这里,我带上绝对安全的装备,与孩子们一起在掉下来也不会受伤的高度上攀爬。在用绳子连着彼此向上攀爬的过程中,信赖与爱在我们的心中滚滚沸腾。

"爸爸,现在下来可以了吗?"

"OK!"

要想从人工岩壁上下来,必须保证绳子下端的人安全才行。孩子们像空降兵下降一样,在下落的过程中十分兴奋,有时还会两手抓住岩壁嬉闹。

"手抓好岩壁!"

"是!"

这种行为在岩壁攀登课本中是被绝对禁止的。而孩子们只是因为对下方的登山绳无比信赖,所以才会做出违反教科书中规定的事情。等孩子们再长大一些,我希望能和他们一起去攀登仁寿峰。

岩壁攀登、冰山壁攀登并不是像我们想象中的一样是那么危险的运动,其实,攀岩与滑水、跳伞滑翔乃至骑自行车都没有什么太大的区别。我亲眼见过很多在登山学校中和孩子们一起接受攀岩教育并和孩子们一起攀岩的父亲。当然,攀岩需要充分的登山教育与安全设备。如果你认为这样还是很危险,我建议你可以尝试一下人工岩壁。人工岩壁是设置在室内或野外的建筑,攀登人工岩壁时配有安全带和攀岩绳索,同时还有专家进行指导,此外,地面也是十分柔软的合成材料做成的,所以相当安全。

攀岩并不是为了体验危险。父母和孩子借助一条绳子相互配合,这才是一种与众不同的体验。

第三十六件事

闭上眼睛,我们一起体验残疾人的生活

"拄着拐杖试探着过前方的马路也没什么问题,不过要是让别人搀扶着走可就没这么舒服了。他是要带我过去吗?前面不是有什么吧?这个人能看见而我却看不见……我要这样过去吗?会不会碰到什么东西?……"

不久前,惠珍亲身体验了一次做"残疾人"。惠珍和妈妈参加了这次由志愿团体主办的残疾人体验活动,通过这种蒙上黑眼罩用多种方式行走的体验,母女两人切身感受到了在眼睛看不见的状态下行走是多么困难。

"第二次,我的引路者是我的妈妈。这让我比第一次放心了许多。妈妈总是在我身边提醒我'小心点,小心碰头'、'这儿是楼梯,迈脚吧'、'惠珍,不要走得太靠右了'、'不错,再向

"那些用异样眼光打量着我们的人，
　　　才是真正的残疾人。"

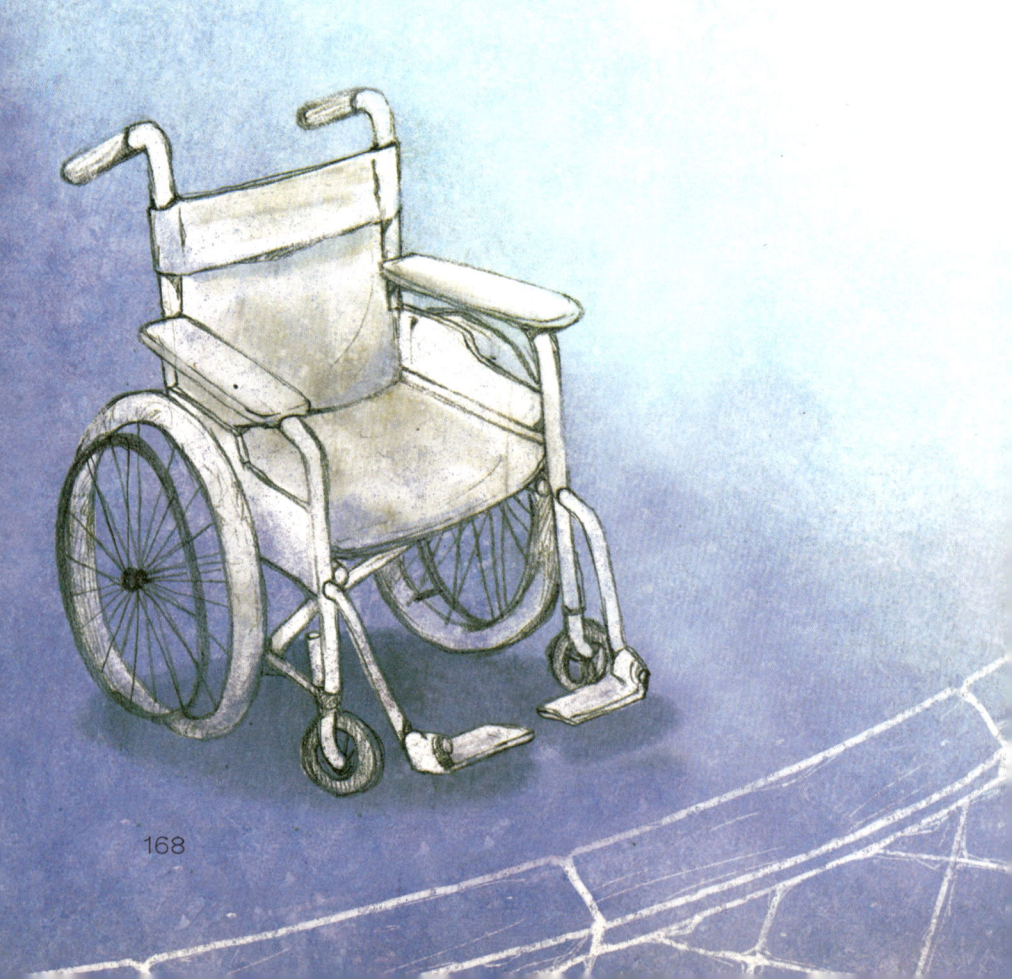

左拐一下'……妈妈的这些提醒让我走起路来方便了许多。当然,因为是妈妈所以我才更加地信任。"

惠珍的妈妈恩河说:"独自一个人扶墙壁找厕所是最困难的事。"因为自己完全不知道途中是否会有障碍,也不知道会不会一下走到厕所前面的花坛处摔倒。

恩河与惠珍参加了许多体验活动,比如蒙上眼睛玩皮球、借助残疾人拐杖行走,此外还有乘坐轮椅、戴助听器、使用哑语表达意思等多种方式的残疾人体验项目。

体验结束后,惠珍感叹道:

"通过这次体验,我明白了一个道理。当你看不见前面的时候,与其让他人在旁边搀扶你,倒不如你自己一个人行走来得心安。在一旁引路的人与我关系越是密切,我心中的信任感就越强。所以,我们要清楚,当我们打算帮助残疾人时,不要随随便便就走上前去,而是要先倾听他们、了解他们的需求以后再去行动。有时我们的行为纯粹是出于自己的同情或怜悯,但我们也应该考虑到这样做也有可能给这些残疾人的内心带来伤害。"

恩河的体会呢?

"我在想,要是惠珍是一名残疾人该怎么办?身体上有残疾,不管做什么行动都要十分谨慎,但又不能犹犹豫豫。我们只是尝试了一下就这么艰辛,真正的残疾人又该有多痛苦?如果想让普通人与残疾人都能在这个社会里平等生活,我们国家有必要让每一位身体健康者都体验一次残疾人的世界。

今后我也一定会融入到残疾人之中,更加努力地帮助残疾人。"

无论什么事情都是百闻不如一见,百言不如一验。残疾人体验也完全一样。体验完之后,我们会对残疾人产生完全不同于之前的认识。残疾人体验让我们明白了他们过着的生活远比我们想象的更加辛苦,而他们却默默地、坚强地活了下来。他们所希望的,正是能够成为社会中普普通通的一员。

人人都有可能成为残疾人。只有拥有这一想法,孩子才不会骄傲自大,才不会忽视他人,才会保护弱者。残疾人体验活动让我们拥有一颗善良之心,让我们学会关怀那些生活在艰辛中的人们。

残疾人体验也告诉了我这样一个事实:残疾人只是比我们动作慢半拍而已,行动迅速的我们不见得就一定比他们幸福。我们要学习他们慢慢行走的方式。那些用异样眼光打量我们的人,才是真正的残疾人。

让我们和孩子一起参与残疾人体验,拓宽孩子看世界的视角吧。

第三十七件事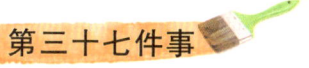

冬天来了,我们去为孤寡老人送"爱心蜂窝煤"

去年冬天,代浩和爸爸秉权参加了江原道原州市的爱心蜂窝煤活动。

"蜂窝煤?蜂窝煤是什么?"

在去往原州的车上,小代浩向爸爸问道。

"蜂窝煤吗?"

秉权心头涌上一种恍若隔世的感觉。自己在代浩这个年纪的时候,大部分家里都在使用蜂窝煤做燃料,可如今,使用蜂窝煤的人家已经没有几户了。

"蜂窝煤呢……因为煤中间有空隙,所以又叫作19孔煤或蜂窝煤,是一种无烟煤;无烟煤是炭煤的一种,是由混合焦炭和木炭粉构成的。爸爸小时候,也就是在20世纪的80年代,每到冬天都是用这个来取暖的。"

"啊,真的吗?"

"蜂窝煤是一种比树木还要持久的燃料,但也有一个缺点,就是容易造成一氧化碳中毒。蜂窝煤燃烧时产生的一氧化碳对人体来说是相当致命的。如果空气中含有0.05%以上的一氧化碳,人就很容易中毒,严重时甚至会死亡。爸爸在小的时候,每隔8个小时就要换一次蜂窝煤,你奶奶每天早上一起来,第一件事也是换煤。"

虽然跟代浩解释了许多,不过就连秉权自己也已有十多年没亲眼见过蜂窝煤了。如今自己也只是下班后,在小酌的烤肉店或烤鱼店中才能看到这玩意儿。

不久前,公司里对忘年会要开展的活动项目进行了一次投票调查,投票结果公布之后,秉权发现大多数人都选择了"为独居老人运送蜂窝煤"。对这一结果,秉权颇感意外,但比起大家奢侈一场开个忘年会,大家更希望做一些更加有意义的事情,这也让秉权很是惊喜。

秉权一组参加了给原州市市外老人免费运送100块蜂窝煤与两大箱拉面这一志愿活动。

秉权认为,这一活动对孩子来说也是一种不错的经历,在征得同事们的同意后,他将孩子也一起带了进来。在目的地,从蜂窝煤保管所到老人们居住地方总共5公里路程,往返计算就是10公里。人们运送蜂窝煤的时候并不用小汽车而是用黄包车。志愿活动团体共有3个小组,每个小组由20

名志愿者组成。

"运送蜂窝煤可以自然减肥啊。"

经常参加活动的一位大婶说道。

"哈哈哈哈！"

人们用笑声代替了回应。

运送蜂窝煤的终点大都位于汽车无法进入的市外或是陡峭的斜坡。人们得拉着黄包车站成一列，一个一个将煤炭递过去堆放在老人们房屋里的灶孔前。最先去的地方是李寿永爷爷家。每当下雪的时候，这里就像要垮下来似的。房间冷得像个冰窖，厨房里也没有一点儿热气。

在李寿永爷爷的房间里，横七竖八堆放着燃烧殆尽的香烟烟头和几穗干巴巴的玉米。放好煤炭，煮完泡面，老爷爷高兴地合不拢嘴：

"今年的冬天不用担心喽。"

之后，两人份的蜂窝煤和泡面又被送到了另一位独居的老奶奶家里。

老奶奶一脸愁云顿时消失的无影无踪。老奶奶和正在读小学3年级的孙子相依为命，领到蜂窝煤后，她紧紧攥着志愿活动组组长的双手，热泪盈眶：

"谢谢你们，谢谢你们……就为把家里这个孩子拉扯大我也要好好活着……"

回来的路上，代浩轻轻靠近爸爸：

"爸爸，谢谢你。"

"哦？"

"你让我体验了一次运送蜂窝煤。"

"那有什么可谢的？这么冷的天你也够辛苦了。"

"不是的,爸爸,刚才去那位奶奶家时,看到她孙子的照片,我才意识到自己是个生活多么幸福的孩子。我也参加了志愿活动,但奇怪的是,我心里总觉得好愧疚。我感激我现在所拥有的一切,感激我现在活得好好的……今后我不会忘记那些生活困难的人,我必须要努力地生活。"

"我家代浩长大了啊。"

秉权心满意足地笑了,儿子代浩也和爸爸一起笑了。在儿子绽开笑容的脸上,还沾着点点煤炭粉末。

我有一位后辈去东南亚农村参加了一项为穷苦人们"盖房子"的活动。他说,这项活动使自己真切领悟到了房子是多么重要。我的一位朋友去年夏天徒步智异山时,刚刚煮完拉面却不小心一个失手打翻了登山炊具,结果足足饿了两顿,那个朋友说,那一刻他感受到了一顿饭是多么重

要。我的一个学生刚刚和恋人分手,他告诉我,分手后才明白那个女孩儿对自己来说是多么重要。

  我们总是身在福中不知福。在现在这个时代,无论冬天再怎么寒冷,我们都可以暖暖和和地度过,然而,就在十年前,只有当仓库里堆满了蜂窝煤时,妈妈们才能安心过冬。如今煤气与电力处处可见,反倒使我们忽略了燃料的重要性。

  正是因为我们随心所欲地享用着空调带来的便利完全不懂得节省能源,才导致了2011年夏天大规模电力短缺的现象,不是吗?

  与孩子一起运送一次蜂窝煤吧,让孩子们认识到能源的珍贵,让孩子们能对今天生活在温暖之中怀有一颗感恩的心。

第三十八件事

跟孩子一起给一年后的自己写封视频信吧

爸爸致智成：

"智成！如今你已迈入了小学 6 年级的门槛，这是件值得自豪的事。昨天你和爸爸一起去洗桑拿的时候，一定看到爸爸刮胡须的情形了吧？那时，爸爸突然产生了这样一种想法：'现在应该教教儿子怎么使用剃须刀了。'

智成，到明年你就是中学生了吧？当你成为一名中学生的时候，无论是身体上还是精神上，你都会发现自己开始逐渐向成人方向转变。爸爸希望，不管发生什么样的变化，你都不要吃惊、不要害怕。一切都还有爸爸在啊。

哦，对了，到那时，为了进入你梦寐以求的国乐初中，智成你一定要努力学习奚琴。你这样喜欢奚琴,不能不说是一件非常好的事情,更何况国乐初中还是一所得到了国家许多资助的学校呢。

爸爸希望你能用功学习,努力练好奚琴,健健康康、快快乐乐地度过每一天。爸爸会一直爱你。不管发生了什么,都要第一时间告诉爸爸哦!OK?"

智成致爸爸:

"爸爸!今年爸爸的年纪又……嘿嘿对不起啦。爸爸马上要45岁了。不久前我看报纸说上,韩国男子的平均寿命可以到90岁呢。爸爸总是跟我说:'大好时光一去不返,我的人生已经到了下午3点……'现在爸爸千万不要那么说啦。如果人们能活到90岁,那么爸爸现在应该才走过人生的一半呢。爸爸现在就是中午12点,用足球比喻,就是刚刚踢完上半场。

爸爸,一场球赛90分钟,上下半场就是各45分钟吧?可是上半场结束后,还有10分钟的休息时间呢——中场休息嘛。

这些日子以来爸爸一直都在努力工作,现在也该解甲归田休息休息了。至于生活费和我的学费,当然要看妈妈的喽。妈妈现在40岁,再工作5年就让她退休吧。

儿子可爱不?爸爸,加油!"

连接仁川机场与首都圈的永宗大桥中间有一个休息所。在那里,你可以写一封"一年后可以收到的信件"。我也曾经写过一次——哦,应该说也曾经说过一次——一年后,这封信件真的被送了出去。我可以写给自己、写给家人也可以写给朋友。

用视频"写信",制作并保管好属于家人的时光宝盒,一年之后再取出来看一看怎么样?想着一年后的模样写一封视频信,爸爸妈妈写给孩子们,孩子写给爸爸妈妈们。无论是在每年的最后一天还是在大年初一吃完早饭时,让我们都把这当成一件例行活动吧。听上去似乎很不错啊!

或是用照片和笔一起写信。用照片见证家人年年的新变化,用笔记录下爱的语言,这些都会成为一种永难忘却的美好回忆。

第三十九件事

共享冥想时间,生活太紧张我们需要静一下

夏媛和妈妈来到忠清道的冥想中心参加漫步冥想。

冥想中心的老师说:

"冥想的目的不是为了成为道人,冥想只是为了让你停下脚步,回望一下自己。漫步冥想是指放下目标、方向、时间,慢慢地漫步。"

夏媛和妈妈悠然自得地走在一个人独自行走的小路上,这一刻,她们虽然努力试图什么都不去想,但每走一步,反而会有无数的思绪漫过心头。每5分钟锣声一响,沉默中的漫步冥想就会停歇片刻。停止思考才能被称作为冥想,不知是不是因为夏媛心里总是想着要停止思考,思考反倒是越发地不可遏制。

"走在深林中,只需聆听大自然的声音。啾啾鸟语、淙淙水流、微微风吹,还有沙沙的树叶拂动……听到这些声音,将自己与大自然融为一体。"

夏媛和妈妈走走停停,仔细聆听着这些来自大自然的声响——斑鸠咕咕地鸣叫,溪水欢快地歌唱,轻轻拂过的微风似在低吟,要和树叶结为好朋友。

"大家在所站地方的不远处找一棵树,心中将它当作'我自己的树'。然后轻轻地用手摩挲它一下。"

夏媛用手轻轻摸了摸眼前的一棵蒙古栎。

"好,现在开始,一一呼唤自己想念的人、珍爱的人、自己不小心伤到的人还有自己怨恨的人。大树就是这些人。然后,大家闭上眼睛对大树喃喃细语。

我爱你。

谢谢你。

因为你我才变得如此成熟……"

夏媛认真地小声说道:

"我爱你,妈妈……我讨厌你,妈妈……谢谢你,妈妈……因为你我才变得更加成熟……"

当夏媛睁开眼睛环顾四周时,她发现妈妈的眼眶里已满是泪水。夏媛心窝一热:

"难道妈妈听到我说的话了吗?"

两个人在森林小径中行走,锣声一响,她们就停在原处冥想片刻,然后继续行走。如果锣声在她们吃着晚饭的时候敲响,她们也会满嘴食物地缓缓闭上眼睛。哪怕耳边正回响着骑马舞的声音,她们听到锣响也会停下来冥想。

"好了,现在拥抱彼此吧。"

夏媛紧紧抱住了妈妈,轻轻地对她说:

"妈妈,我爱你。"

"我也爱你。"

最近,为身心俱疲的现代人准备的冥想治愈中心已是随处可见。累了,就要休息休息;倦了,就要停停脚步。我们学了太多如何努力工作、努力学习的方法,却没有学习过怎样才能尽情玩耍、尽情休息。

身体酸痛是呼吁休息的先兆;感冒是大病来临的预告;发烧则是身体正在驱除可恶病菌的暗号。请不要忽视这些自然给予的信号。

虽然小孩子们总是充满活力不知疲倦,可一旦生病,也是够让人受的。只学习不休息就会产生这种情况。最近看到小学生一天的课程表,我不禁感叹这些孩子简直比演员还要忙。生活在城市里的孩子,每天早上7点起床,每天夜里12点睡觉,天天辗转于学校、作业与辅导班之中。一句话,孩子们被发疯的日程表逼得简直喘不过气来。

我们这一辈子,小学、初中、高中几乎把所有的精力都花在了学习上。所以一上大学,学习气氛便顿时消沉了不少。在这样一种消沉的气氛中,我们都是怎么学习的呢?只有在火烧眉毛的时候,我们才会拿起书本。为了眼前而必要的学习尽管不够快乐,但我们必须要做,这就是我们学习的原因。

大学毕业后,我们几乎不会再去看书,这时我们的学习才真的开始。孔子、孟子、柏拉图、亚里士多德……我们应该重新开始阅读,学习这场鏖战是永不休止的。

当我们要用到曾经学过的知识时,我们会发现,我们可能反倒会被那些在学生时代看上去比较迟钝的人丢在了身后。人生就如一场马拉松,它总是对后劲儿十足的人更加有利。在42.195千米的跑道上,并不是前10千米一直领先的人就一定能够获得最终的冠军。我们必须做好变化调节,好好分配一生中要花的力量,聪明地进行变化调节和力量分配。

停一下脚步,与家人共享冥想的时间吧。我们是否走好了每一步?我们是否踏实地过了每一天?我们是否均匀地支配了自己的热情与力量?

第四十件事

爸爸也需要充电,我们一起学习吧

"锵锵"

"咚咚"

"咚咚锵锵"

"锵锵咚咚"

……

小学4年级的书俊和妈妈一起在区政府文化中心学习鼓舞。到现在,他们已经学了整整6个月。最近,为了准备下个月的文化中心发布会,俩人忙得不可开交。鼓舞是妈妈琴熙先开始学的。

还在公司上班的时候,琴熙就注册过养花课程,用了两年的时间来学习养花。起初,花朵总是打蔫,可不知不觉间琴熙也拥有了专家一样的手艺。琴熙还主持过在江南三星洞展示馆举行的家具展。

学完养花,琴熙又花了1年时间听寺刹饮食讲座。结婚之后,琴熙一有空便亲自下厨,什么苏子刀切面、锅巴豆腐果、香菇饭团、胡麻粥……做完便会让老公品尝。继养花和烹饪之后,琴熙还学会了探戈舞。

这些都是小书俊出生之前的事了。自从有了书俊,上班、养花、烹饪、跳探戈之类的一切东西都被琴熙抛在了一旁。但她心里仍然特别怀念这些。直到书俊上小学4年级的一天。

"不该是这样!"

琴熙突然喊了一句。

"什么?"

"我在说你呢,崔书俊。"

"我怎么了?"

"现在你一个人打理生活没问题了吧?"

"当然了。"

"还有你,老公!"

"嗯?"

"星期天能早早地出来吗?"

"嗯,当然!"

"那好,我下个星期打算去学鼓。"

"鼓?"

琴熙在政府文化中心学了还不到一个月,就开始劝爸爸和书俊一起注册鼓舞课程尝试一下。爸爸只去了两天就没了兴趣,而书俊却认为鼓舞蛮有意思。现在他天天都在盼着周二晚上的到来,因为每到那时候,妈妈都要和书俊兴致勃勃地击两小时的鼓。

"来,这次我们一边想着自己讨厌的人一边击鼓!"

"咚咚咚!咚咚咚!"

"再用力点儿!"

在琴熙的鼓声中,昨晚醉宿的爸爸的面孔渐隐渐现。

我时常会带着孩子一起去拜访婚礼主持人金东吉先生。有一天,金东吉先生问我:

"你现在正在读《Le Figaro》吗?"

一时间我有些不知所措。我大学专修的是法国文学,可到现在为止,我竟连"Le Figaro"中的"Le"都没有读过一次。

"这个……我还……"

"人一不学习,就很容易把学的东西忘得一干二净。我建议你读一读《Le Figaro》或者《Le Monde》。"

"好的……"

在孩子面前被这样训斥,实在让我无地自容。但是,就这一顿训斥,也可以成为对孩子的教育。比如让他明白了这一事实——"哦,原来爸爸也要学习啊,""爸爸也有老师呀。"

自此以后,我经常会考虑"重新开始学习法语吧?""要不要注册个alliance(Alliance Francaise的缩略语,源于法语)?"等等。不过这都需要投入不少费用。即将跨入中学的孩子有时会问我一些关于法语的问题,每每那时我也会想:要不然和孩子一起学习吧?

还有什么比和孩子一起学习更享受的?在我学习汉语会话的时候,家里一插张CD,老婆孩子就都会上来跟着一起念。那几个月,我们全家都深深沉醉在中文的世界里。

而在学习日语平假名和片假名时,每到饭后我们三个人也会聚在一块儿,练习书写,相互提问。这样一来,再难的日语也会迎刃而解。

我们不需要特意为学习而一起学习,我们可以一起学习某种爱好,比如跳舞、乐器。想象一下孩子弹琴爸爸唱歌妈妈跳舞的情形吧,怎么样?只是想想都觉得很酷吧?

第四十一件事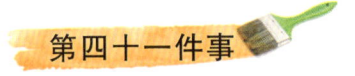

记录每日消费,跟孩子一起制作月家庭账簿

成美被眼前的数字吓了一跳——72.56万韩元啊!自己才上小学5年级,上个月就足足花了这么多的钱!

让我们算算。钢琴辅导费12万韩元,英语辅导费30万韩元,假期兴趣班辅导费8万韩元,学用品9万韩元,零花钱5万韩元,朋友素熙生日礼物1.5万韩元……

上个月,家里每个成员都记了一个月的家庭账簿。成美的支出比想象中要多得多。

"不行不行,其它的不能节省,买零食的钱总得节省一些。"

每天一放学,成美就会和朋友奔向回家路上的大排档,要么来份炒年糕,要么吃点烤串儿。回到家里,还没等妈妈端

上点心,成美肚子已经饱饱的了。于是,成美决定每天节约1千韩元的零食费用,这样一个月下来就可以节省2.5万韩元。

写一个月的家庭账簿,这对成美的妈妈美玉来说也是头一次。美玉发现,仅仅消费卡这一项自己就花掉了36万韩元。5日,Angels7.3万韩元;8日,乐天百货店6.7万韩元;12日,易买得5.22万韩元……

其他的都记得清清楚楚,对于Angels这一项,美玉却完全没了印象。Angels是什么?带着这一疑问,美玉给信用卡公司打了电话。

"9月5日我没有用过消费卡,不过消费卡账单上却记录着Angels。这里好像是出了什么差错了吧?"

"你好,女士。是麻浦区西校洞的化妆品专店吗?"

"啊,对了,洗面奶和护肤水!"

美玉突然想起了新入手的化妆品。

"是的是的,是我记错了。"

挂断电话后,美玉又看了下家庭账簿。

"咦,去百货店买什么花了6.7万韩元来着?"

爸爸泰景也是在写完家庭账簿后,才恍然大悟到记录花销是件多么令人恐惧的事情。不经思考就从口袋往外掏的钱实在太多了。所以,记完账簿后泰景暗暗下了决心:今后除非必要,绝不再在下班后出去小酌;早上早起5分钟,用居民区小巴士取代打车;午饭时尽量选择区内食堂;红白喜事费用也要根据实际情况支出……

成美一家真真切切感受到了这样一点：

如果坚持写一年的家庭账簿，我们也会变成大富翁。

通常，写家庭账簿都是妈妈们做的事情，写家庭账簿的爸爸真的是很少很少。我也曾在记录下自己每个月的收入支出后才大吃一惊。一句话，钱这东西真是可以随处流的。无故浪费的钱太多了，烟酒花销远远高于想象，打车也太过频繁；在记录家庭账簿前，我竟然对这些浑然不知。

即使再努力工作、努力赚钱又怎样？如果不懂得节制花销，挣再多的钱也是徒劳。记得老一辈人曾经说过：

"比起开源，节流才是致富之方。"上世纪的世界首位亿万富翁洛克菲勒每天晚上都会记录下自己的收入与支出，甚至连1%的小单位都不会漏掉。正是这样一丝不苟的记账才使洛克菲勒成为了世界富豪。

仔细记录花销是致富的第一步。让我们与孩子一起写一写家庭账簿吧。写家庭账簿对孩子而言是一种最佳的经济教育方式。

第四十二件事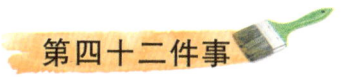

在适当的时候,跟孩子一起玩电脑游戏

最近,民秀正忙着学习钢琴。为了进入梦寐以求的艺术中学,民秀每天都会拿出5个小时左右的时间来练习钢琴。而一到放假,除了每天2小时的学习时间,民秀几乎一整天都趴在钢琴上。

民秀对玩电脑游戏情有独钟。然而只有在周末,他才有2小时的玩游戏时间,这可怜的2小时就是他全部的玩耍时间。可就在几天前,妈妈从打折店回来推开门的时候,民秀正坐在客厅里欢快地噼里啪啦敲着电脑键盘。看到妈妈,民秀急忙啪地关掉了电脑,关机前,屏幕上显示着"S.W.A.T"。原来儿子玩的是反恐游戏,其暴力血腥程度让人触目惊心。

妈妈一把拉过民秀,狠狠教训了一通:"妈妈知道你不是

因为真喜欢钢琴才去弹的,如果现在才说讨厌就该早说早放弃,爸爸妈妈为了付你的钢琴辅导费用已经很辛苦了!"

面对老妈的叱责,民秀垂下了脑袋。他一遍遍向妈妈发誓,以后再也不会出现这种情况了。

三四天后,民秀走进练琴房,但半个小时过去了里面一直都安安静静的。妈妈觉得有什么不对劲,于是走到了阳台旁。她往屋内一看,儿子竟然在玩游戏!这一刻,妈妈心头的失望已经远远超越了愤怒,但她一句话也没说。

晚上爸爸回来后,妈妈将今天发生的事情告诉了他。爸爸仁成趁民秀不注意时瞄了一眼电脑——原来是任天堂。

"是最近正流行的游戏啊。"

周末,又到了民秀可以"正式"玩游戏的时间,这时爸爸对他说:

"民秀!今天和爸爸一起玩游戏怎么样?"

"啊,真的?"

"当然啦。去年我们不是还一起进行过'空中大战'吗?"

"好耶。老爸想玩哪一个?"

"侠盗飞车怎么样?"

"咦?老爸你怎么知道这个的?"

"我为什么不知道?最近孩子里最流行什么游戏我可都调查了个一清二楚呢。"

民秀歪着脑袋打开了电脑。在这一个小时里,爷儿俩玩得不亦乐乎。

"嗬,这个还真好玩!"

"对吧?这可是现在最时髦的。"

"民秀,游戏时间再加一小时吧?"

"不了,周末玩一小时就行了。"

"不行,爸爸光开电脑找游戏就花了10多分钟呢。从这一周开始,星期六晚上再允许你玩一个小时的电脑游戏。"

"真的?太好了!"

"不过剩下的时间可要认真练琴啊。"

"是,老爸!"

"而且……爸爸觉得这个游戏也太残忍了点儿。往后尽可能选一个别这么血腥的吧。"

"知道了,谢谢老爸!"

民秀竖起了大拇指。仁成轻轻地抚摸了下儿子的脑袋。

想必读这篇文字的爸爸当中,也有不少人上中学时一度逗留在学校文具店里迷恋着"小蜜蜂"那款经典游戏吧?也都有过在大学时带着女朋友去游戏室体验"泡泡龙"游戏的美好回忆吧?

很有趣,不是吗?

成年之后,很多人依然会为"星际大战"疯狂地着迷。连大人们都会因为游戏痴迷,小孩子又会怎样?如今的孩子似乎离开游戏就活不下去,大多数家长都会因为自己的孩子将大把时间花在电脑游戏中而深感苦恼。在各大游戏公司及任天堂面前,渺小的我们几乎束手无策。

游戏是一种产业,也是一种商业活动,是许许多多成年人和青少年的最爱。问及孩子们的兴趣,回答总是玩赛车游戏、玩足球游戏、玩战争游戏、玩益智游戏……

片面地认为玩游戏就是一种不良行为,严格管制孩子玩游戏,这样的做法其实并不可取。让我们规定下孩子玩游戏的时间,随时检查一下孩子们都玩了些什么。有时,适当地陪孩子一起玩

游戏也是不错的选择。这是为什么？其实仅仅是为了好玩。当我们与孩子一起玩游戏时，我们也会变成孩子，这就是我们与孩子之间最好的沟通方式。

改变一下想法，
　　我们会让孩子们幸福加倍。

Copyright@Moon Seobin

第四十三件事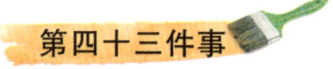

跟孩子一起祈祷,让心中充满美好祈愿

承孝跟妈妈一起来到了天主教堂。以往,每到星期天下午,承孝都会和爸爸妈妈一起去爬北汉山,不过今天爸爸出差,于是这次的登山队伍就变成了母子二人。

教堂位于山路尽头的那个国立公园与住宅小区之间。往里走几步,圣母像便映入眼帘,圣母像前的蜡烛闪闪烁烁。妈妈和承孝擦了擦汗,走到圣母像跟前,轻轻地闭上了眼睛。

"求上帝保佑承孝健健康康,努力学习取得优秀的成绩;保佑承孝考进2区的新建中学而不是我们小区的中学;保佑承孝他爸在公司得到大家认可……"

当妈妈睁开眼睛时,承孝却还在小声地喃喃着什么。在从教堂回家的路上,承孝忍不住问道:

"妈妈你都祈祷了什么？"

"妈妈祈祷你要好好的,你呢？"

"我祈祷水原的外婆身体快快好起来……"

一瞬间,妈妈觉得后脑勺好像被什么打了一下。

两个星期前,外婆不小心摔倒进了医院,承孝一家前去水原探望外婆。外婆的大脑功能出了点问题,不得不接受了三、四天的检查治疗,所幸没出现什么异常征兆。虽然外婆平平安安出院了，但是医生也有叮嘱——"一定要让老人享受安静的生活。"几天下来外婆消瘦了许多。这一切情形都被承孝深深记在了的心里。

妈妈非常惭愧。自己好像是个只想着孩子和老公的心窄的女人；在给承孝和承孝爸爸祈祷的时候,全然忘记了自己的妈妈。

然而那一刻,承孝祈祷的却是妈妈的妈妈。妈妈也对孩子倍感感激和自豪。

"我们承孝长大了。"

妈妈轻轻拍着承孝的肩头。

"你还祈祷了什么？"

"保佑我今年年内找到一个女朋友。"

"什么？"

妈妈眼睛一扬。

"妈妈,你没有为爸爸祈祷吗？"

"哎呀！"

"那就让我们为爸爸祈祷吧!"

　　带孩子去安静的寺院或教堂做一次祈祷吧。与孩子一起做祈祷,上帝一定会仔细聆听的。什么?因为双手空空来祈祷深感抱歉?上帝是不会统计捐款金额与祈祷的比例的。

"祈祷什么了?"

"祈祷你要好好的。"

第四十四件事
从今天起,关心我们身边的环境和世界

"爸爸!关掉电灯!"

"好吧,我关了!"

在兴刚刚用电脑完成工作回到房间,耳边就传来了女儿熙静的抱怨声。其实何止是关电灯,汽车挂空挡不要用得太久啦,空调中午开一会儿就够啦,平常多乘坐大众交通工具啦,一定要买碳排放少的东西啦……熙静俨然就是爸爸的能源老师。

那是两个月前的一天。

"爸爸!爸爸!快来这儿!"

熙静大声冲爸爸喊道。

"怎么了?什么事?"

爸爸妈妈来到客厅一看,熙静正指着插有几个充电器的插座;

"爸爸,这个插座太危险了!"

"什么?"

妈妈问道。

"一个插座上插着好几个充电器,容易有过热以及漏电的危险。而且总是把不用的充电器插在这儿,也会导致能源浪费。"

"我还以为又发生什么大事儿了呢……"

"爸爸!这就是大事儿!"

说完,熙静开始讲起了学校老师告诉她的知识。

工厂废气、汽车尾气、石油和天然气燃料的使用,这些都会产生二氧化碳。随着二氧化碳越来越多,天空就会变得一片浑浊,这将阻挡投射到地球上的阳光。地球的温度逐渐升高,北极熊赖以生存的冰川每年都在下降。气候异常,地球上的无数生物将会因为温度的不断上升而灭绝。当动植物无法生存下去时,人类也将从地球上渐渐消失。

可是,对于这样的危机,人类为什么毫不关心?那是因为"索性不去考虑是逃避问题最简单方便的方法"。

以青蛙为对象进行的一项著名实验就很好地说明了这一点。如果把青蛙放在沸水中,青蛙会马上一跃而出。但是,如果将同样的这只青蛙放在温水中,慢慢给水加热,青蛙就会对水即将沸腾的危险全然不知,一动不动地坐在那里。结果,青蛙被烫死了。

如果周围身环境是慢慢改变的,我们就很容易坐以待毙。在这种环境中,我们很难清醒地认识到问题的严重性,而直到事情发展到无法挽回的地步时,我们或许才会醒悟过来。我们一定要未雨绸缪。因为我们不是青蛙。

"知道了吗?爸爸妈妈,我们不是青蛙,马上换一个自动断电的插座吧。"

"自动……什么?"

"自动断电插座;如果一段时间内不使用电器,插座就会自动地断电。"

"哇,有那种东西?我们这就去买。"

妈妈一句话压下了爸爸的精神头:

"不过,可不要随便乱买东西。"

"对,妈妈说的没错,手动的插座我们也可以用手打开关上,而且只连接重要的家电用品就可以了。"

"呃,好吧……就那样。"

过了几天,熙静一家安装上了节能的自动断电插座。

"爸爸!你怎么开着水龙头刮胡须?"

"哎,对不起了!"

"我又唠叨了,抱歉哈。不过爸爸妈妈应该这么想,我们这样做都是为了拯救地球嘛。"

"OK！既然是为了拯救地球，还有什么不能做的？"

在兴边说边关掉了水龙头。就在他刮胡须的时候，脸一下不小心受伤了，小小的血滴溅落了下来。

"熙静，你看爸爸为了拯救地球都流血了，你一定要记着哦。"

"爸爸说什么呢？哈哈哈哈！"

熙静爽朗的笑声传了出过来。

专家指出，现在已经出现了气候变化现象，而且这一现象正越来越严重。我们每个人都清楚，地球上的这种气候异常现象是因为环境问题引起的。我们现在正亲身体会着专家的预言。

非洲严重缺水，大地干裂，北极冰川消融，海平面上升，而地球上许多地方也都在被沙漠化包围着；每2秒钟，就有一片足球场大小的森林消失。

许多物质濒临灭绝，而我们能做的却只有无奈，害怕与担忧。可是，这个世界不仅仅是被环境问题困扰着，这里还有无数的贫穷、独裁以及战争。在非洲，许多儿童死于饥饿与疾病；在没有民主的国家，广大人民还在独裁者的暴力镇压下挣扎。

面对这些现实，我们根本无能无力。但我们

都是地球60亿人口中的60亿分之一,那就让我们从生活中的点滴小事做起吧。

人类在解决自身制造的问题的过程中创造了历史。现在,我们眼前的环境问题、贫困问题和独裁问题也都是可以解决的。我们生活的土地、我们使用的水、我们呼吸的空气,不只属于我们自己。当我们死去,我们的子子孙孙仍然需要它们,如果我们只顾自己,毁坏了这些大自然赋予的东西,那我们的孩子、我们的孙子,也许就只能头戴有氧面罩生活在肮脏的环境中了。

让孩子们关注一下当今严峻的环境问题吧!如今学校大力加强了环境教育,身为父母的我们,有时候可能还要向孩子学习。让我们一起学习,这样我们才会问心无愧。

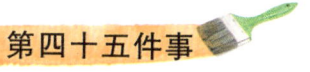

第四十五件事

跟孩子一起,把目标写在纸上

这天,世焕突然接到高中同窗镇范的电话,说想一起小酌一杯。见到老同学,镇范便开始大倒苦水——因为自己儿子的成绩直线下降,自己和老婆大吵了一架。可就在几天前,他还在向他人炫耀自己的儿子有多么多么聪明,有这样一个儿子自己又是怎样怎样幸福。

"当然……最伤心的人还是老婆。我心里很清楚,只有这样一个宝贝儿子,老婆对他的期望也是特别特别地高……"

"然后呢?"

"然后问题就出在这里。老婆抓孩子学习抓得紧啊。耐不住老婆唠叨,儿子泰永就假装坐那儿学习的,实际上成绩一点儿没提高。这下子我那位火气更大了,可她越是这样儿子越是较劲。这几天俩人搞冷战呢,关系岌岌可危啊。"

镇范说完将手中的酒一饮而尽。该说点什么好呢?世焕苦恼了一会儿,想起了不久前读过的一本书。

"我在书中倒是读到过这么一句……把目标写在纸上怎么样?据说把目标写在纸上最见效了。"

"啥?写下目标来?"

"嗯,没错儿,让孩子把自己的目标简单明了地写在纸上。"

"把目标写在纸上……那会有什么效果吗?"

"你就按我说的去做吧。"

俩人又继续商量了下方案怎样实行才能取得最大效果。回到家后,镇范把儿子泰永叫了过来:

"儿子,如果你这次在班里拿了第一,想要什么老爸就给你买什么。"

这话让儿子心头一动。正在读初二的泰永成绩在班里算是不上不下,不过,泰永也曾一度拿过第一名。而镇范正是为了鼓舞儿子才添上了这样一句话:

"现在你在班里虽然成绩平平,可是你也考过第一啊。想想那时,树立一个拿全班第一的目标,然后再找到一个切实可行的方法。"

令爸爸意外的是,儿子竟然对自己的这番话毫不抵触:

"如果可以的话,我当然也想考班级第一名……"

"是吗?那就先把你的目标写下来吧!"

泰永拿出一张白纸写了起来。

"我的目标是班级第一名!"

然后,他又对每天学习几个小时及如何将这些时间合理分配到各门功课上进行了详细的计划。

镇范认为,最好将目标定得更加准确一些。于是两人最终决定将泰永这一目标改为"下学期期中考试班级第一"。

泰永将这张纸条贴在了自己的书桌上。

每天早上一起床,泰永就会看一眼贴在书桌上的纸条上的目标。不管是坐在书桌前,还是待在房间里,纸条上的目标总能清晰地映入眼帘。每当看到儿子的时候,镇范也会以"第一名的孩子眼睛亮晶晶的"、"要想拿第一就得好好吃饭,爸爸给买……"这种方式向他打招呼。起初,爸爸的关心给了泰永不小压力,可渐渐的,这些话反而让泰永越发动力十足。泰永非常想实现目标。有时候遇到不能按照计划进行的情况,他也会找老爸一起商量。

这一方法并没有很快见效。在接下来的一场考试中,泰永的成绩虽然有所提高,不过仍然离目标有段距离。但父子两人都没有因此而失望泄气,泰永仍然继续坚持不懈地向着自己制定的目标努力着。

年末时,世焕和镇范见面后又对这一方法进行了一番探讨。正在这时,镇范的手机响了。

"呃,好的好的,知道了。辛苦了啊。"

挂掉电话,镇范兴奋地对老同学说:

"你的话真准!"

"什么?"

"泰永这次期末考试考了班级第一名!"

"真的?太好了!"

朋友、老师,甚至镇范的老婆都吃了一惊。

自此以后,不管计划什么事情,泰永都会拿纸写下目标。他说,自己正在通过一点一点地完成每一个小目标慢慢地成长。

可以说,我们生活的每一瞬间都是在向目标前进的过程。有些目标可能很近很近,也有些目标可能很远很远;有些目标可能微不足道,也有些目标可能雄伟宏大。我们都在不断实现这些目标的过程中步步前行。可是,孩子们的生活却与我们不尽相同。

孩子的目标会随时改变,他们的梦想也出奇地多。小时候,人人都拥有五彩缤纷的梦想,但随着年龄渐长,人们开始瞄准唯一的目标。在制定目标的最初,孩子的内心可能是坚定不移的,但他们的意志也会被时间一点点削弱。如果不能明确确立一个目标,就会对孩子造成最大的影响,因为这种东西太容易被忘掉了。

1953年,美国针对耶鲁大学毕业生进行了一项关于目标的调查。对于"你有没有写下过人生目标"这一提问,仅有3%的学生的回答是肯定的,剩下97%的学生则回答说没有想过要写下目标,甚至干脆没有什么目标。

20年后,也就是1973年,美国继续以之前的人们为对象进行了一次大调查。令人吃惊的是,当时对人生有具体计划和目标的3%的人所拥有的财富比剩下的97%的人所拥有的财富的总和还要多。

写下目标,就好比将目标铭刻在了内心深处。从小在心中树立目标的孩子,往往就能在以后的生活中实现更多的梦想。

读者反馈卡

尊敬的读者：

十分感谢您购买本书以及对本公司的大力支持。为能继续提供更符合您要求的优质图书，烦请您抽出点滴时间填写以下调查表并寄回，您的建议与意见将是我们不断前进的动力。我们会定期从有效回执中抽取幸运读者，寄送公司最新出版图书或其他精美礼品。

北京兴盛乐书刊发行有限责任公司

通讯地址：北京市朝阳区小营路10号阳明广场南楼14A
邮政编码：100101
读者QQ群：292306095（兴盛乐书友会）
电子邮件：xslzbs@163.com
公司微博：@兴盛乐书刊发行公司
公司网址：www.xslbook.net

1. 您了解本书是通过：
   □书店 □网络 □报刊宣传 □朋友推荐
2. 您购得本书的渠道是：
   □新华书店 □网上书城 □民营书店 □超市 □报刊亭
   □其他_____
3. 您决定购买本书是因为：
   □书名吸引 □内容吸引 □喜欢作者 □偶然购买
   □朋友推荐 □其他_____

4. 您觉得本书的优点有：
   □文笔好　□内容好　□封面漂亮　□排版舒服　□价格合理
   □手感好　□其他_____

5. 您会向他人推荐或者谈论这本书吗？
   □会　□不会　□偶尔会　□看看再决定　□其他_____

6. 了解本书之后，您会关注或购买公司其他图书吗？
   □会　□不会　□偶尔会　□看看再决定　□其他_____

7. 您决定购买一本书的因素包括：
   □内容　□封面　□书名　□朋友推荐　□媒体推荐　□作者
   □其他_____

8. 您比较喜欢的阅读类型有：
   □人文历史类　□财经类　□管理类　□励志类　□小说类
   □纪实文学类　□传记类　□散文、随笔类　□女性、生活类
   □亲子、育儿类　□科普类　□其他_____

9. 您觉得本书有何不足之处，您有何修改意见或建议？
   _____
   _____

10. 有没有您想读但市面上却没有的书？
    _____
    _____

您的姓名_____性别_____年龄_____职业_____

邮政地址_____
邮政编码_____手机_____
E-MAIL_____
QQ_____微博_____